頭のいい人の考え方

入試現代文で身につく論理力

出口　汪

青春新書
INTELLIGENCE

はじめに――入試現代文は「論理力」を鍛える格好の教材だった！

書店に行けば、読解法、思考力、会話術、文章術の本が数多く並んでいます。しかし、肝心の「論理」を修得せずに、いくらこれらのスキルを身につけようとしても、小賢しいテクニックを学ぶだけで、それでは何の解決にもならないのです。

知性の核となるのは「論理力」に他なりません。その論理力を修得するだけで、文章を論理的に読むことができます。論理的に考えることができます。論理的に話し、論理的な文章を書くことができるようになるのです。

もちろんコミュニケーション力も格段にアップしますし、人間関係も円滑になり、ビジネスでも成功する可能性が高まります。

こんなに大切な論理力なのに、なぜそれを修得しようとしないのか、私には不思議でなりません。人生のどこかで論理力を身につけることで、その後の人生がすっかりと変わってしまうのですから。

おそらく大方の人は、論理力は先天的な頭のよしあしで、今さらどうにかなるものではないと諦めたり、どうしたら身につくのかわからないと途方に暮れたりしているのではないでしょうか。

実は、論理力とはわずかな言葉の使い方の規則に過ぎません。後に詳述する「イコールの関係」「対立関係」「因果関係」といった、たった三つの規則さえ使いこなせば、誰でも面白いように頭の使い方が変わっていくのです。

言葉は後天的に学習・訓練によって修得するものです。あなたが論理力に欠けていると思うならば、それは規則に従って言葉を使う訓練を受けていなかっただけのことなのです。

私は三十年以上、大学受験という現場で現代文・小論文といった教科を指導し、受験参考書を執筆してきました。

当時曖昧《あいまい》とされた現代文を論理の教科と断定し、論理的な読解とそれに基づく論理的な解法を提案して、その参考書類は累計八〇〇万部を超えるベストセラーになりました。

また論理力を養成するための言語プログラム「論理エンジン」を開発し、こちらのほうは私立高校だけで現在二五〇校以上に採用されています。

私は今まで多くの子どもたちの「考える力」を鍛えてきたのですが、実は講義をすることによって最も変わったのは私自身でした。

私は本来感覚的人間であり、勉強が大嫌いな劣等生でした。

そんな私が予備校という仕事において、大学入試現代文の問題文を論理的に読み、設問を論理的に解き、それを多くの受験生に論理的に説明する、そうした一連の試みの中で、私自身の頭の使い方がいつのまにかすっかりと変わってしまったのです。

こうした体験の積み重ねの中で、私は一つの結論を得ることができました。

社会人にとって高度な論理力を、しかも比較的短期に養成するためには、現代文の大学入試問題をもう一度新たな角度から見なおすことなのだと。


大学受験で苦労した現代文を何のために今さらやりなおすのかと、疑問を呈する方もいらっしゃると思います。しかし、受験時代は、ひたすら点を取るといった目的のために邁《まい》進《しん》し、現代文の本当の価値、面白さに気づかずに終わってしまったのではないでしょうか。

ましてや現代文をセンス・感覚の教科と思い違いをしたまま受験時代を経過してしまったのなら、なおさらです。もう一度現代文を新たな角度から捉えなおすと、その豊穣の世界に驚愕《きょうがく》されること請け合いです。

論理力とは、言語の一定の規則に従った使い方です。

しかし、それを自分の武器として血肉化するには、習熟することが必要です。せっかく受験時代に論理力を獲得したとしても、その後何の訓練もしなかったのなら、元の木阿弥で、血肉化されることはありません。これではあまりにもったいない。

今もう一度訓練しなおすことで、あなたの論理力はより実践的なものとして、この競争社会を勝ち抜くための強力な武器となるからです。

本書は過去私が執筆した一〇〇冊以上の参考書・問題集から、社会人のためのとっておきの問題を抜粋し、社会人のために、新たに書き起こした一冊です。

本書によって、より多くの社会人が現代文の面白さ、すごさを痛感し、論理力という強力な武器を手にされることを、切に祈っています。

出口　汪

『頭のいい人の考え方』目次

第一章 「評論」で論理力の基本を身につける

【初級編】「世界の終末」を考える（「ヤヌスの顔」村上陽一郎）

本文DTP　ハッシィ

序章

一生使える「論理力」を鍛える方法

◆「論理」とは、物事の筋道

今、あなたは現代文の入試問題を使って、論理力を鍛えようとしています。そのためには、論理の正体をしっかりとつかまえなければなりなせん。

いったい論理とは何でしょうか？

もちろん論理にはさまざまな定義や考え方があります。書店では多くの論理の本が所狭しと並んでいますが、その多くは大学での知の成果をわかりやすく説明したものです。

本書では論理をシンプルに考えます。

論理とは、物事の筋道。

これが最も簡単な説明です。

もちろん私たちは言葉で筋道を立てて考え、言葉で筋道を立てて説明するのですから、**論理とは人間の知的言語活動**ということもできるでしょう。

私たちは人間である限り、生涯にわたって言語で理解し、言語で考え、言語で表現し、言語でコミュニケーションをとります。

その言語の使い方を訓練することで、あなたの知的活動はかなり違ったものとなるはずです。

◆「他者意識」が論理力を鍛える

論理を理解する上で、もう一つ大切なことがあります。

それは**他者意識を持つこと**。

他者とは、たとえ家族であっても、別個の人間である限りはそう簡単にはわかり合えないという意識。だから、**感覚は通用しません**。

そこで、筋道を立てる必要が生じてきます。その筋道が論理ですから、他者意識が強いほど、自ずと論理力が身につくことになります。

家族も友人も同僚も上司も部下も、誰もがあなたのことをそう簡単にはわかってくれません。わかり合っていると思っているのは、表面的なところで愛撫し合っているだけのことです。

社会とはそうした他者と他者との関係の中で成り立っているのです。だからこそ、論理という武器を手にする必要があるのです。

◆現代文は「感覚」ではなく「論理」で解く

現代文は今までセンス・感覚の教科とされてきました。

本をたくさん読んだり、問題を数多く解いたりすることで、もしかすると成績が上がるかもしれない、でもそれは保証することはできない、これが国語の教師の本音だったのではないでしょうか。

他者意識が強いほど、自ずと論理が発生すると、すでに説明しました。**最も他者意識が強いものは、活字化された文章**です。なぜなら、読み手が誰だかわからない、不特定多数の読者だからです。

活字化された文章が筋道を立てて書かれたものなら、私たちはその筋道を追って読むしか、他にどんな読み方もないはずです。

そうした営みの中で、次第にあなたの中に論理力が養成されていくのです。

入試問題は各大学が一年かけて、膨大な文章の中から選び抜き、しかもその文章の中の最もおいしい箇所を、二、三ページ抜き取ったものです。まさに栄養満点の、エッセンスが詰まった食物です。うまく解けないのは、その料理の食べ方が間違っていただけなのです。

◆評論、随筆を使って「論理力トレーニング」

現代文の入試問題の過半数が、評論というジャンルの文章です。

論文には大きく分けて二種類あります。専門家向けの学術論文と、一般の人向けの評論。

もちろん、入試問題は専門家の学力を試すものではありませんから、学術論文が出題されることはありません。

評論は一般の人向けに書かれたものである限り、特別な専門知識がなくても理解できるはずです。もちろん、論文の一種である限り、それは論理という手段によって表現されています。この評論を論理的に読むことが、論理力を集中的に鍛えるために最も有効な方法なのです。

本書はこの評論をテキストにして、論理的な読み方をトレーニングします。

さらには随筆の読み方も練習しましょう。随筆とは、筆者が自分の心情を綴った文章のことです。もちろん、読み手は不特定多数の誰かですから、当然論理的に書かなければなりません。

ところが、随筆の作者の大半は文学者であり、彼らは論理を表に出すことを好みません。いわゆる文学的表現を多用するのですが、それだからといって論理がないかといえば決してそうではないのです。

随筆は一見読みやすいように思えるのですが、背後に隠された論理を読み取らなければならない分、それだけ意識的な読み方が要求されるのです。

本書は随筆を論理的に読んでいくことで、より強固な論理力を鍛えていきます。

◆まずは「論理的に読む技術」を身につける

「論理的な話し方」「論理的な書き方」、もちろんこれらも大切であることはいうまでもありません。

でも、あなたが本物の論理力を獲得したいなら、まずは「論理的な読み方」からスタートするべきです。次に、「論理的な話し方」「論理的な書き方」に進むべきで、この順序を間違えたなら、あまり大きな成果は期待できません。

「話し方」は講演や演説など大勢の人の前で話すのではない限り、基本的には知っている人との会話だといえるでしょう。

お互いに相手の情報がある程度あるわけだし、表情や身振りで相手の考えや気持ちを推し量ることもできるのだから、それほど正確な論理性は必要とされません。

時には言葉や身振りにどれだけ情感を込めるかが、大切な要素になってきます。

それに対して、活字化された文章は必ず論理的に書かれています。それを読むことで、正確な論理力を身につけることから始めましょう。

論理力を獲得すれば、自然と「論理的な話し方」が身についていきます。「論理的に書く」は何も頼ることなく、自力で論理を駆使できなければならないので、最後の総仕上げといえるでしょう。

入試現代文では、評論、随筆、小説、韻文など、さまざまな分野の問題文が出題されますが、社会人に必要な論理力といった観点から、評論と随筆を取り上げていきます。

これらの問題文を読むことで、「論理的に読む」技術を獲得し、さらに設問を論理的に解くことで、「論理的に書く」技術を最も効果的に学んでいきます。

◆「考える」プロセスが見えてくる！

「考える」ということは、まず文章を理解することから始まります。私たちは何もないところで、宙を睨んで考えているわけではありません。

哲学者も思想家も先人の文章を読んで考えます。Bという人は、Aという人の文章を読んで理解します。その筋道を理解しているからこそ、Bはそれについて自ずと考えてしまうのです。

そして、その先のほんの一歩を筋道を立てて書くのです。そのほんの一歩が独創であって、それはあくまでAの文章を理解することから始まったのです。

BはAの文章の筋道を辿ることで、Aの正しさを検証しています。その上で新たに自分の考えを構築するのであって、もしAの文章の筋道が間違っていると思えば、論理的に反論すればいいのです。

次に、CはBの書いた文章を読み、考えます。それはAとBの正しさを検証する行為でもあるのです。その上で新たな一歩を考えたとき、それは真に独創的な考えといえるのです。考えることは、文章を読んで、その筋道を理解することから始まります。

◆三つの言葉の規則でどんな文章も理解できる

では、論理的に考えるとは、どういうことでしょうか？

それは言葉の規則に従って考えるということに他なりません。「イコールの関係」「対立関係」「因果関係」など、言葉の最低限の規則に従って考えるとき、初めてあなたは論理的にものを考えることができるのです。

もちろん、こういった規則は脳裏の片隅にはあるのかもしれませんが、言葉は習熟しなければ何の威力も発揮できません。論理的に考えようとしているうちは、まだ論理力は身についていないのです。文章を読むとき、考えるとき、書くとき、自然と言葉を規則に従って使いこなしてこそ、論理に習熟したといえるのです。

そのためには、まず言葉の規則を意識して、難解な文章を読んでいきます。そして、その文章を論理的に理解したなら、次に論理的に整理し、自分の頭で論理的に考えていきましょう。

本書『頭がいい人の考え方』は、論理力を獲得するための一連のトレーニングを、自然な形で遂行できるように工夫されています。

最初は多少ハードルが高いと思われるかもしれませんが、知的な感動を得て、強固な論理力を獲得するためには、やはり最低限必要な努力をしなければなりません。

では、次に、三つの言葉の規則について説明しましょう。**論理とは基本的にたった三つの規則とそのバリエーションに過ぎない**のですから。

◆論理は言葉と共に生まれた

たとえば、人類が初めて「男」という言葉を持ったとしましょう。それまでは、「男」という言葉がなかったわけですから、A君、B君、C君それぞれ個別にしか見ることができなかったのです。

ところが、「男」という言葉を持った瞬間、A君、B君、C君の共通点を抽出したのです。これを「抽象」というのですが、このA君、B君、C君を「具体」とするならば、「男」は「抽象」。この瞬間、私たちは世界を論理で整理、理解したのだといえるのです。

この**「具体」と「抽象」の関係が「イコールの関係」**です。

そして、「男」という言葉が生まれたのは、人類が「女」を意識したからです。もし、「女」を意識しないのなら、「人間」で十分ですから。

つまり、「男」という言葉が生まれた瞬間、「イコールの関係」と「対立関係」が生まれ

●論理で「男」と「女」を整理する

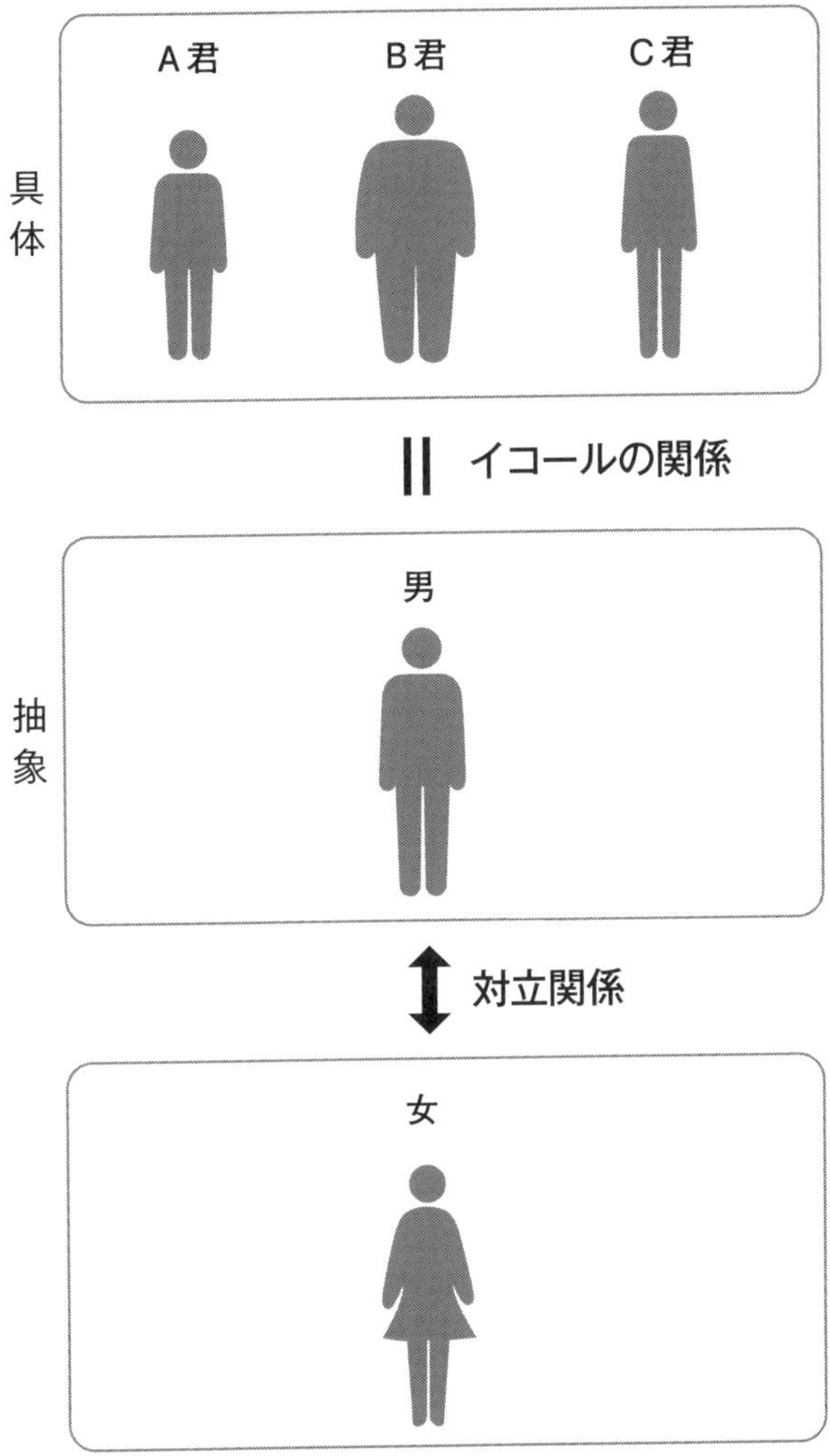

たのです。そして、すべての人類は世界をこの二つの関係で整理したのです。

まさに論理は言葉と共に生まれ、言葉がある限りなくなることはありません。私たちが他者を意識したとき、こうした言葉の共通の規則に従って伝える必要があるのです。


もう一つ例を挙げましょう。

犬や猫は死ぬことはありません。なぜなら、「死」という言葉を持っていないからです。だから、彼らは自分が死ぬことを知らないはずです。死の恐怖を感じることもありません。気がついたら死んでいるわけですから、彼らは一度たりとも自分が死ぬということを明確に自覚することはないのです。

人間だけが数多くの死の状態を抽出して「死」という言葉を生み出しました。その結果、私たちに死の恐怖が芽生え、死後の世界までも考えることになりました。それと同時に、**「対立関係」**である「生」という言葉が生まれたのです。

私たちはいかに生きるかを考え、時間の感覚が芽生え、青春のはかなさを知ることができます。つまり、「死」という言葉は「イコールの関係」と同時に「対立関係」を生み、そこから文学や哲学、宗教が生まれたのです。このように、私たちは外界を「イコールの関係」「対立関係」という論理で整理し、そこからものを考えたり、感じたりします。

言葉を論理的に使うことができない人は、カオス（混沌）の中に投げ出されたまま、明確にものを考えることも感じることもできないのです。

◆文章における「論理」と「因果関係」

私たちは外界の情報をたとえば「上と下」「右と左」「好きと嫌い」「動物と植物」「暑いと寒い」など、「イコールの関係」「対立関係」で整理します。そこが他の動物と決定的に異なるところです。

そして、人間の思考は絶えず連続しているのです。たとえば、雨が降っていたなら、私たちは自然と「雨が降っているから、傘をさそう」と考えます。この**「から」**が**「因果関係」を表す言葉**なのです。「お腹がすいたから、何か食べよう」「星が出ているから、明日は晴れるだろう」と、私たちは「因果関係」を使って思考を連続させているのです。

実は、この「イコールの関係」「対立関係」「因果関係」でまとまった文章はできています。

文章を書くということは、何か伝えたいことがあるからですが、「筆者の主張」が抽象的でなければなりません。抽象度が高いほど、より多くの人にとって有益な情報となるからです。

しかし、人が納得し、腑に落ちるのは逆に具体的な事例を通してです。たとえば、「戦争で子どもが死んでいる」といわれたところで、「ああそうか」と思うだけですが、「目の前でお前の子どもが殺されようとしている」といわれたなら血相を変えるに違いありません。

つまり、「筆者の主張」は抽象度が高くなければならないけれど、それを読者に伝えるためには具体例や身近なエピソードなど、より具体的であればあるほど説得力を増すのです。

そこに、**筆者の主張（A）＝具体例・体験・引用（A′）**といった「イコールの関係」が成り立ちます。

そういった論理の使い方を大学入試現代文、特に評論問題で修得することが、何よりも論理力獲得に有効な手段なのです。

●論理には３つの規則がある

①イコールの関係

A　＝　A´

（自分の主張・結論）　（具体例・体験・引用）

具体例によって自分の主張を証明する

②対立関係

A　⟷　B

（自分の主張）　（対立する主張）

あえて反対意見を出して、自分の主張をアピールする

③因果関係

A　➡　B

（前提となる主張）　（結論）

「AだからB」のように前提や具体例を出し結論へと導く

◆現代をあらゆる角度から見つめなおす

評論にはもう一つ、私たちにとって非常に役立つ性質があります。それは評論がこの現代をある角度から切り取っているものだということです。一つの評論を理解することは、そのままある角度からこの現代を認識しなおすことなのです。

六つの評論を理解すれば、あなたは六つの角度からこの現代を認識しなおしたことになります。それら一つひとつがストックとしてあなたの中に蓄積されると、やがてあなたの頭脳は活性化されてくるはずです。

本書が厳選した六つの文章は、どれも「世界」や「現代」「人間」を、見事に語ったものです。あなたはこの六つの文章で、知の全体像を俯瞰《ふかん》したことになります。健全な知を育むためには、いったん知の世界を俯瞰するということが、私には大変重要なことだと思われるのです。

では、珠玉の六つの文章を、私と一緒に読んでいきましょう。

第一章

「評論」で論理力の基本を身につける

【初級編】「世界の終末」を考える（「ヤヌスの顔」村上陽一郎）

科学が犯した罪とは何か。科学者の吐血の言葉を、私たち一人ひとりが引き受けて生きていかなければならない――。

イエス・キリストは全人類の罪を一身に引き受けて、十字架にかけられました。

現代の私たちはいったいどんな罪をイエスに代わって引き受けなければならないのでしょうか？

《問題文》「ヤヌスの顔」村上陽一郎　（学習院大学）

次の文章を読んで、後の問に答えよ。

(注1)唐木さんの遺言ともいうべき文章――『科学者の社会的責任についての覚え書』――を読ませて戴いた。

原子爆弾の開発と物理学者ないし科学者の責任という、ある意味ではもう風化してしまった感さえある問題に対する、イ真摯でロ執拗な追究の筆先は、筆者の死による突然の中断によって、はたと凝縮して、より深い余韻を残している。

唐木さんの関心の中心は言うまでもなく、アインシュタインである。アインシュタインのルーズヴェルト宛ての手紙が、アメリカの原子爆弾開発計画のゴーサインになった、ということは確実である。しかも、「水爆の父」と言われるあのテラーが、原子爆弾を対日戦に使用することに反対し、執拗に阻止行動をとった――結局稔らなかったが――のに反して、アインシュタインは、少なくともその段階では特記すべき行動を起こしてはいなかったと言える。

原子爆弾製造の出発に際して利用されたアインシュタインの「名声」が、対日戦使用に際してもう一度利用されてもよかったのに、とは、今だから言えることかもしれないが、日本人としては等しくもつ感慨でもあろう。

それはともかく、唐木さんにとって、その後のアインシュタインは、そうした過去に対する根元的な自己批判とハ贖罪とに徹する存在として映じた。唐木さんの眼は、転じて、日本を代表する二人の物理学者にしてノーベル賞受賞者、湯川氏と朝永氏に向かう。そして朝永氏をアインシュタインと同列に置き、湯川氏を、その点で不徹底だと、率直に批判する。

正直のところ、筆者はそこまで大胆にはなれない。ここで「大胆」というのは、決して、湯川氏のような高名な「大学者」を名指しで批判することを指しているのではない。そうではなく、A人間の内面を、そういう形で、裁くことに大胆になれない、という意味である。言い換えれば、人間の一貫性にそれほど信頼がもてないということでもある。その後のアインシュタインの内面が、全く迷いなく自己批判と贖罪で一貫し得ていたかどうか、これは朝永氏についても同じである。他方、湯川氏の自己批判や贖罪意識が、アインシュタインや朝永氏のそれに対して、一貫して不徹底なものだったかどうか。筆者には断定し、裁決することはできないと思われるのだ。

しかし、死に臨んでいた唐木さんの文学者としての洞察は、そうした常識的な人間観の限界を突き破って、ことの本質に達している。それは、単にアインシュタインが、湯川氏が、朝永氏がどうであるか、という問題を超えている。唐木さんの言いたかったことは、現在物理学者のみならず科学に携わるもののすべてが、果して「共犯意識」をどれだけもっているか、という問として言い表わすことのできるものではなかったろうか。

ここで筆者の言う「共犯意識」とは、次のような言葉で表わされるものである。

［原子爆弾が与えたのは］科学がどの方角に進みつつあるかを知った上での嘔吐を催す程の恐れであった。……私は人類の本性の終焉を見た思いであった。その終焉は、まさしく科学という自分も従事している仕事によって、我々に一段と近付いたのであり、あるいはむしろ科学の手で初めてその終焉が現実にあり得べきものとなったとさえ言えるのかもしれなかった。自然科学にはいろいろな分野があっても結局は一つのものであり、一つの分野がもはや無罪でいられないのであれば、どの分野もまた無罪

ではいられないのだ、と私は考えている。

これは、異色の生化学者と言われるE・シャルガフの言葉である。これを［C］と片付けるのは容易い。あるいはこうした態度からは、科学の進歩に対する無理解な障害しか生れない、という批判もあり得るだろう。実際、今日多くの現場の科学者が、せっぱつまった危機感を抱いていることも事実である。新しい科学技術の開発に、社会がブレーキをかけ過ぎるために、現場はすっかり臆病になって活気を失い、このままで行くと、これから先、科学技術の世界は、極端な停滞時代を迎えてしまう、と。

筆者はこうした危惧の念が、全面的に誤っているとは思わない。日本を例にとれば、ここ二十年間の驚くべき平均寿命の延びは、先端的医療技術も含め、科学技術を柱とする生活水準の向上がそれを支えていることは歴然としている。だから現在の科学技術研究のすべてを悪だとして否定したときに、われわれは一体そこから何を手に入れるか、という問は真面目な意味をもっている。

しかしながら、そのことが、科学技術の名においてなされる様々な地獄図の免罪符とはならないことだけは、言っておかなければならない。いやむしろ、科学――技術はともかく――が、社会のなかで独自の役割を期待され、それゆえにその効用が論じられ、社会はその効用のために巨額の投資を科学に与え、科学に携わる人間もまた、それを当然のこととして受け容れる、というようなシステムが、今日の社会のなかに出来上ってしまっていること自体が、もしかすると、D科学の頽廃なのではないか。

科学研究という名目に対しては、社会は何が何でもそれを支持しなければならず、逆に科学研究者は社会にそうした無条件の支持を当然のように期待する、という状況は、科学の「効用」と「罪業」という――しばしば「メリット・デメリット」なる片仮名で扱われる――評価体系を生み出している。そして、そこから、いわゆる「両刃の剣」説も出てくる。科学技術は、正しく使えば「効用」のみが得られるのであり、誤って使うから「罪業」が現われるのだ、というのである。

だが話はそれほど単純なものではない。

現在の社会のなかで、科学研究を推進する仕掛けそのもの、あるいは科学研究態勢の内部で自己展開する仕掛けそのもののなかに、「効用」と「罪業」の双方を生み出す本質的要素があり、それは言ってみれば、現代先進社会――その政治体制や社会経済体制の如何を問わず――のなかの人間性の迎えた宿命とも言えよう。

そうした事態のなかで、科学に携わる人びとに対して人間として要求できる最小の条件は、先に触れた「共犯意識」ではないかと私は思う。それは［E］と言い換えてもよい。F「効用」と「罪業」とは決して二つのことではなく、恰度ヤヌス(注2)の顔のように、一つの事態の二つの側面に過ぎないのだ、という自覚である。

そして、唐木さんの「遺書」が訴えたかったことも、科学者に対してその自覚を求めるという一点にあったのだ、と筆者は受けとめている。

ただ、あえてもう一言付け加えれば、現代の状況のなかでは、加害者を被害者に変え、被害者を加害者に変えるという事態が生れていることを、われわれは忘れるわけにはいかない。何が原因で何が結果なのか、見分け難くなっているのである。ということは、Gわれわれの一人一人にもまた、先に科学者に要求した自覚が要求されているのではなかろうか。

（村上陽一郎「ヤヌスの顔」／筑摩書房『歴史としての科学』による）

（注1）「唐木さん」は、評論家の唐木順三（明治三七〜昭和五五年）のこと。

（注2）「ヤヌス」はローマ神話の門戸の神で、前後を向く二面像であらわされている。

問一　傍線部イ～ホの漢字の読みを平仮名で記せ。

イ［　　］　ロ［　　］　ハ［　　］　ニ［　　］　ホ［　　］

問二　傍線部Ａ「そういう形で、裁く」とあるが、どのように裁くことをさすのか、次の1～5の中からもっともふさわしいものを選べ。

1　社会的責任の有無を裁断すること。
2　個人の内面を論理によって裁断すること。
3　個人の政治的立場の善悪を裁断すること。
4　センセーショナルなやり方で高名な学者を裁断すること。
5　科学者としてのあり方の是非を文学者の立場から裁断すること。

［　　］

問三　傍線部Ｂはどのような人間観をいうのか。次の1～5の中からもっともふさわしいものを選べ。

1　人間は所詮弱い存在でしかないという人間観。

2　人間は理想を高く掲げようとしても肉体のために挫折してしまうと考える人間観。
3　人間はある理想を高く保持して一貫した主体性を持っていなくてはいけないという人間観。
4　人間の内面はいろいろな感情や思想がうずまいていて一義的には規定できないという人間観。
5　人間の内面はいろいろな感情や思想がうずまいているが、結局は常識的な範疇の中におさまってしまうと考える人間観。

□

問四　空欄C、Eの中に入れるのにもっともふさわしい語句、語を、それぞれ次の1～5の中から選べ。

C　1　一片の感傷　　2　古風な道徳　　3　優柔不断な態度
　　4　安易な楽観主義　　5　理由のない被害者意識
E　1　さみしさ　　2　かなしさ　　3　後ろめたさ
　　4　心ぐるしさ　　5　やるせなさ

C □　E □

問五　傍線部Dで筆者が考えている「科学の頽廃」とはどういうことか、次の1～5の中からもっともふさわしいものを選べ。

1　科学の進歩が停滞してしまうこと。
2　科学が社会批判をする契機を失ってしまうこと。
3　科学の発展が逆に社会の進歩を停滞させてしまうこと。
4　科学そのものが無批判に賛美され、その「罪業」が批判されなくなること。
5　科学や科学技術が各種の公害などの「地獄図」をつくり出してしまうこと。

□

問六　傍線部Fで筆者は科学者の「共犯意識」を説明しているが、別の角度からこの問題を説明している箇所を本文中から抜き出して、その最初の五字と最後の五字を記せ。ただし句読点は一字に数えない。

□□□□□～□□□□□

問七　傍線部Gで筆者が指摘していることはどういうことなのか、次の1〜5の中からもっともふさわしいものを選べ。

1　科学者に「共犯意識」を持たせるように、我々は常に監視していなくてはいけないということ。

2　現代の混乱した状況の中で「罪業」をひきおこした原因を追及していくのは我々の役目であること。

3　科学の産物を享受することで無意識のうちに我々が加害者になる可能性があることを自覚するべきであること。

4　科学から生ずる「効用」と「罪業」は、我々が監視の目を光らせて、その状況を主体的に判断しなくてはいけないこと。

5　現代の状況の中では知らないうちに我々が被害者になっている場合があるので、常に自分の置かれている状況に注意しなくてはいけないということ。

□

論理的読解…評論で論理思考を学ぶ

◆文章を書くには理由がある

基本の基本から始めましょう。

なぜ筆者は文章を書き、それを活字にしようとしたのでしょうか？

もちろん、筆者には書きたいことがあったからです（中にはビジネスのために書き散らす人もいるかもしれませんが）。それを仮に**筆者の主張A**としましょう。

ということは、まとまった文章には必ず筆者の主張Aがあるということであり、その文章を読む行為とは当然筆者の主張Aを読み取ることであるはずです。

筆者の主張は一つとは限りませんが、まとまった文章（入試問題）の中で、**最終結論は基本的にたった一つ**です。

それを**「趣旨」**といいます。

そこで、設問では必ずといっていいほど、趣旨を問う問題がつくられますし、当然その設問には大きな配点が課されます（趣旨がわかっていないということは、その文章が読めていないということですから）。

では、その文章を活字にするというのはどういうことなのか？

筆者が一人でも多く自分の文章を読んでほしいと願っているからです。だから、読み手は不特定多数の読者になります。

不特定多数の読者に向けて文章を書く限りは、感覚など通用しません。そこで、筆者は筋道を立てて自分の主張を説明することになります。

それが論理であり、設問ではその論理構造をつかまえたかどうかも問われることになるのです。

◆引用文から「イコールの関係」がわかる

冒頭、唐木順三氏の『科学者の社会的責任についての覚え書』を引用しています。では、なぜ引用したのか？

もちろん、筆者の主張と唐木氏のそれが一致しているからです。

少なくとも筆者の主張とまったく無関係な文章を引用するはずはありません。そのほとんどが同じ意見であるからです（まれに反対意見を引用することがありますが、その場合は次にその意見を否定しなければなりませんので、引用文の筆者に失礼に当たり、例外的だといえるでしょう）。

つまり、

筆者の主張（A）＝引用文（A´）

といった「イコールの関係」が成り立つのです。

◆「話題」を探す

まずは「話題」を探しましょう。それが目の付け所です。人は何か目標を持って読まないと、知らないうちに活字から目が離れ、ぼんやりしてしまいがちです。

最初の目標は「話題」は何かということです。

「原子爆弾の開発と物理学者ないしは科学者の責任」

これが「話題」ですね。

地球を何十回も破壊してしまうほどの核爆弾がこの地球上に散在していて、私たちはその危険性の上で平和をむさぼっているわけです。

しかもソビエト連邦崩壊後、爆弾の管理者が拡散して、いったい誰がどのように爆弾を管理しているのか怪しいものです。北朝鮮などは一人の独裁者の手に今や核爆弾のスイッチが握られようとしています。

その核爆弾を開発したのは科学者、特に物理学者であることはいうまでもありません。その科学者の責任。

確かにこうした「話題」はありふれているかもしれません。

問題は、筆者がこの「話題」に対して、どのような意見を出そうとしているかです。そして、その**筆者の意見（A）と唐木順三氏の意見（A´）が「イコールの関係」にある**のです。

◆A´→Aの論理パターン

この文章は、冒頭唐木順三氏の引用文（A´）から始まりました。

A´から入った文章は、一息に読んでいきます。

もちろん、目標を持って読まなければ、また活字から目が離れて、頭がぼんやりしてしまいます。本書の目的は論理力の獲得が第一義である限り、文章の筋道を意識して読まなければなりません。

では、次の目標は何か？

筆者の主張（A）を探すことです。

「Aから入った文章は、Aを探しながら読め」

これが論理の鉄則です。

そして、筆者の主張（A）がこの文章の要点となるわけです。

◆アインシュタインと原爆

前半は唐木氏の文章について述べられています。

唐木氏は原子爆弾の開発に関する物理学者の責任において、まずアインシュタインとテラーを断罪します。

そして、切った刀で、今度は日本を代表する物理学者湯川氏と朝永氏を断罪します。

エドワード・テラーは「水爆の父」と呼ばれ、アメリカのマンハッタン計画に参加し、水素爆弾の開発に関わったとされています。

　アインシュタインに関しては、直接原爆に関わったという事実はありません。ただ戦時中当時のアメリカ大統領フランクリン・ルーズベルト宛の、原子力の軍事利用の可能性に言及した手紙に署名し、生涯そのことを後悔したといわれています。

　事実、広島・長崎に原爆が投下されて以後、アインシュタインは核廃絶運動に取り組んでいきます。

　ラッセル＝アインシュタイン宣言をおこない、核廃絶を推進するために世界連邦運動を開始します。日本では湯川秀樹氏がその運動の中心的役割を担いました。

　テラーはともかく、原爆投下後のアインシュタインの心情はいったいいかなるものだったのでしょうか？

　もちろん、これは想像するしかないのですが、アインシュタインは核融合実験の中で、これを軍事利用すれば戦争に勝利できると、ふと閃《ひらめ》いたのではないかと思います。

　科学者たちがそれを大統領に提言するのですが、その手紙に署名をしたのは、やはり戦争という極限状態の中でのこと、しかもテラーやアインシュタインはヒトラーによるユダヤ人迫害ためアメリカに亡命中だったのです。

つまり、間接的にはヒトラーのユダヤ人虐殺が彼らを原爆開発に走らせ、その結果、何の関係もない広島や長崎の人々が殺されていったともいえるのです。

さて、手紙に署名する際のアインシュタインの心情ですが、「まさかこんな恐ろしいものを生きた人間の上に本当に投下するはずはない」と思ったのではないでしょうか。

核開発実験に成功したなら、戦争は終結すると思ったのではないか。

なぜなら、核開発に成功したときは、すでに日本の敗戦は秒読み段階であって、何も本当に原爆を投下する必要などどこにもなかったからです。

それなのに原爆は広島、そして長崎に投下されました。

◆核兵器とホロコースト（大虐殺）

かつてアメリカのスミソニアン博物館での原爆展は、アメリカの国会議員の圧倒的多数の賛成により中止に追い込まれました。

原爆は戦争終結を早め、そのために多くのアメリカ兵士の命を救った。だから、「祝福の爆弾」なのに、それを「アメリカの悪」として展示することは認められないとでもいったところでしょう。

原爆や空襲は果たして戦争でしょうか？

戦争とは本来兵士と兵士が戦うもの。

ところが、原爆や空襲の殺戮《さつりく》の対象は兵士ではなく、老人に女子ども、いわゆる民間人です。しかも、空から爆弾を無差別に落として殺していく、ホロコーストに他なりません。

たとえば、人間が蟻の巣を見つけて、面白半分に上から踏みつぶして殺していく、それを人間と蟻の戦争とはいいません。

さて、話を原爆投下に戻しますが、原爆は戦争を早く終結させるために落としたのではありません。むしろその逆で、日本の無条件降伏が秒読みだったからあわてて落としたのです。しかも、二つも。

日本を降伏させるためだけなら、広島だけでも十分だったはずです。

このことは何を意味するのか？

原爆が「祝福の爆弾」ではなく、世紀の生体実験だったということです。

こんな恐ろしいものをまさか落とすはずはないとアインシュタインが思い込んでいた爆弾が、本当に人間の手によって落とされたのです。

科学者が賢明に研究し、大発見をしたところで、いったんその成果が権力者の手に渡ったとき、もはやその発明家は自分でそれをコントロールできません。

そこで、アインシュタインは国連と別個に、世界連邦を提唱していったのです。

原爆が広島に実際に投下されたとき、世界中の国々が震え上がりました。

ところが、当時アメリカだけでなく、ソ連も中国も核開発研究を進めていて、たまたまアメリカが一足先に原子爆弾投下を成功させたというだけのことだったのです。

そこで、戦後、戦勝国で、核兵器を所有した五つの国が常任理事国となる、国連が立ち上がったのです。

常任理事国を中心とした、国連による現在の世界秩序は、まさに原爆投下によって成り立ちました。

「広島」「長崎」は、現代の国際社会を考える上で、決して疎《おろそ》かにできない問題です。原爆投下は過去のことではなく、まさに「今」の問題なのです。

◆文章の要点はどこにある？

前半の唐木氏の文章、その要点はどこにあるのでしょうか？

死に臨んでいた唐木さんの文学者としての洞察は、Bそうした常識的な人間観の限界を突き破って、ことの本質に達している。それは、単にアインシュタインが、湯川氏が、朝永氏がどうであるか、という問題を超えている。唐木さんの言いたかったことは、現在物理学者のみならず科学に携わるもののすべてが、果して「共犯意識」をどれだけもっているか、という問として言い表わすことのできるものではなかったろうか。

「ことの本質に達している」とあるので、その「ことの本質」が何かを読み取っていきます。

すると、「それは」という指示語を受け、次に「唐木さんの言いたかったことは～」とあるので、「現在物理学者のみならず科学に携わるもののすべてが、果して『共犯意識』をどれだけもっているか」が唐木氏の文章の要点だとわかります。

そして、**筆者も唐木氏と同意見だから、この文章を引用した**わけです。

◆すべての科学者は「共犯者」である

テラーやアインシュタインはともかく、少なくとも湯川氏や朝永氏は原子爆弾開発に関わった事実はありません。

それなのになぜ彼は贖罪意識が不徹底だと、唐木氏から断罪されなければならないのでしょうか？

その答えが、「現在物理学者のみならず科学に携わるものすべてが、果して『共犯意識』をどれだけもっているか」にあるのです。

すべての科学者が「共犯意識」を持たなければならないとしたなら、湯川氏や朝永氏も例外ではありません。

では、彼らの罪とは何か？

そこで筆者は生化学者のシャルガフの言葉を引用します。

「原子爆弾が与えたのは」科学がどの方角に進みつつあるかを知った上での嘔吐を催す程

の恐れであった。……私は人類の本性の終焉[ホ]を見た思いであった。その終焉は、まさしく科学という自分も従事している仕事によって、我々に一段と近付いたのであり、あるいはむしろ科学の手で初めてその終焉が現実にあり得べきものとなったとさえ言えるのかもしれなかった。

たとえ科学がなかったとしても、戦争はなくならなかったかもしれません。人と人が剣でもって殺し合う。でも、いくら殺し合ったところで、この地球そのものを滅ぼす可能性など皆無でした。

科学の発達の結果、第一次世界大戦、第二次世界大戦と、戦車、戦闘機、軍艦など、次々と破壊兵器が開発され、戦死者の数は桁違いになっていきます。そして、その延長線上に核兵器が生み出されたのです。

何も核兵器の問題だけでなく、環境破壊をも含めて、科学の進歩に伴って、今や地球は消滅する可能性まで起こってしまったのです。

では、誰のせいか？

自然科学にはいろいろな分野があっても結局は一つのものであり、一つの分野がもはや無罪でいられないのであれば、どの分野もまた無罪ではいられないのだ、と私は考えている。

おそらくテラーが存在しなくても、やがて核兵器は開発されたでしょう。事実、戦後まもなく、ソ連、中国、イギリス、フランスが核開発に成功します。

つまり、自然科学のそれぞれが発達した結果、核兵器が開発されたといえるのです。科学の発達段階が、核兵器を生み出す段階に到達したといってもいいでしょう。だから、すべての科学者が「共犯意識」を持つべきだと、唐木順三氏が死ぬ間際に人類に対して書き残したのです。

「すべての科学者が共犯意識を持つべきである」

これはまさに唐木順三氏の吐血の言葉だったのです。

シャルガフは生化学者であって、原爆とは何の関係もありません。でも、自分が研究に従事することは科学の進歩に寄与することであって、その結果、その科学がこの地球を滅ぼすかもしれないと思ったら、嘔吐を感じずにはいられなかったのです。

私が高校生の時代は理系が圧倒的な人気を保っていて、大学受験でも優秀な高校生はまず理系を目指すことが多かったのです。

科学の発達がバラ色の未来を約束してくれると思い込んでいました。

ところが、今や誰も単純にバラ色の未来を信じることなどできなくなりました。

理系を目指すということは、人類を、この地球を滅ぼす罪に荷担することかもしれません。

でも、地球を破滅から救い出すのも、やはり科学かもしれないのです。

それには科学の進歩の方向を変えなければなりません。

◆「譲歩」にダマされるな

シャルガフの言葉の引用の後を読んでいきましょう。

あるいはこうした態度からは、科学の進歩に対する無理解な障害しか生れない、という批判もあり得るだろう。実際、今日多くの現場の科学者が、せっぱつまった危機感を抱いていることも事実である。新しい科学技術の開発に、社会がブレーキをかけ過ぎるために、現場はすっかり臆病になって活気を失い、このまま行くと、これから先、科学技術の世界は、極端な停滞時代を迎えてしまう、と。

さて、この文章は、**筆者と反対の主張**ですね。

科学者が贖罪意識を持ったなら、科学技術の開発にブレーキがかかり、科学は極端な停滞時代を迎えてしまう、と。

なぜ、筆者はあえて反対意見を持ち出したのでしょう？

もちろんそれを次に否定するためです。**自分と反対の意見を持ち出し、それを否定することで、自分の意見の正しさが論証される**からです。

ただし、相手の意見を否定するときは、慎重な言い回しが要求されます。そこで、**一歩譲って相手の意見をいったんは認める**のです。それを**「譲歩」**といいます。

「たしかに〜だ」「なるほど〜には一理ある」などと、一歩譲って、次に「だが〜」「しかし〜」とやんわりとそれをひっくり返すのです。

筆者はこうした危惧の念が、全面的に誤っているとは思わない。日本を例にとれば、ここ二十年間の驚くべき平均寿命の延びは、先端的医療技術も含め、科学技術を柱とする生活水準の向上がそれを支えていることは歴然としている。だから現在の科学技術研究のすべてを悪だとして否定したときに、われわれは一体そこから何を手に入れるか、という問は真面目な意味をもっている。

ここまでが譲歩。その後は**「逆接の接続語」**に着目しましょう。

しかしながら、そのことが、科学技術の名においてなされる様々な地獄図の免罪符とはならないことだけは、言っておかなければならない。いやむしろ、科学——技術はともかく——が、社会のなかで独自の役割を期待され、それゆえにその効用が論じられ、社会はその効用のために巨額の投資を科学に与え、科学に携わる人間もまた、それを当然のこととして受け容れる、というようなシステムが、今日の社会のなかに出来上ってしまっていることと自体が、もしかすると、[D]科学の頽廃なのではないか。

筆者は科学の停滞を恐れるあまり、科学技術を無条件で取り入れるようなシステムが社会の中に出来上っていること自体が、科学の頽廃なんだと断じています。

確かに科学は私たちに多くの恩恵をもたらしました。それはひとまず認めましょう。だからといって、それが様々な地獄図の免罪符とはならないと筆者は主張します。

さて、ここが少しわかりにくいところ。と同時に、現代を理解する上で大切なので、少し説明を付け加えましょう。

◆「近代主義＝生産主義」が環境問題を生んだ

日本では明治以後が近代という時代ですが、そこから現代に至るまで私たちを支配した考え方の一つが生産主義です。

いかに多くの物を生産するか、それが進歩であり、西洋が最も多くの物を生産する限り、日本もそれに追いつき、追い越さなければならない。

大量生産するためには、市場を拡大しなければならない。科学技術を発展させなければならない。効率を重視し、生産性を高めなければならない。

その根底にあるのは合理主義であり、物質中心主義であったわけです。

そうやって、私たちはひたすら物質的豊かさを享受しようとしてきました。

ところが、ここに一つ、大きな問題が起こってきました。

私たちは生産主義を標榜《ひょうぼう》してきたわけですが、実は人間が生産できる物など一つもなかったのです。

農業や漁業、牧畜業や林業であっても、人間は無から物を生み出したのではなく、自然の中にもともとある物を育てたり、増やしたりしているに過ぎません。

無から物を創造できるのは、神だけだったのです。

物を生産するということは、厳密にいえば、自然を加工して人間に都合のいい製品に変形しているに過ぎません。

それを大量生産しようとすれば、自然が何億年もかけてつくり上げた化石燃料を燃やして、エネルギーを取り出さなければなりません。

つまり、「生産＝自然の破壊」であり、そこに環境問題の根本原因があったのです。

生産力を拡大することは、そのまま自然を大量に破壊することであって、私たちはもはや生産主義を単純に賛美することができなくなったのです。

◆もう一つの「譲歩」を見つける

科学研究という名目に対しては、社会は何が何でもそれを支持しなければならず、逆に科学研究者は社会にそうした無条件の支持を当然のように期待する、という状況は、科学の「効用」と「罪業」という――しばしば「メリット・デメリット」なる片仮名で扱われる――評価体系を生み出している。そして、そこから、いわゆる「両刃の剣」説も出てくる。科学技術は、正しく使えば「効用」のみが得られるのであり、誤って使うから「罪業」が現われるのだ、というのである。

さて、この箇所も**譲歩**であることは、もうおわかりですね。

譲歩箇所はカッコに括ってしまわないと、論理構造が見えにくくなります（試験では逆にそこが狙われるのです）。

筆者は反対意見を提示します。それが「両刃の剣」説です。科学には効用と罪業とがある。それならば、科学を効用にだけ使えばいいのではないか、と。

この説には一見説得力があります。

確かに私たちは科学から多くの恩恵を受けていて、もはや原始時代のような貧しい暮らしに後戻りはできません。

科学にはメリットとデメリットがあるなら、メリットにだけ利用すればいいのですから。

もちろん、**反対意見を持ち出したのは、後からそれをやんわりと否定するため。**そこで先を読んでいきましょう。


だが話はそれほど単純なものではない。

現在の社会のなかで、科学研究を推進する仕掛けそのもの、あるいは科学研究態勢の内部で自己展開する仕掛けそのもののなかに、「効用」と「罪業」の双方を生み出す本質的要素があり、それは言ってみれば、現代先進社会——その政治体制や社会経済体制の如何を問わず——のなかの人間性の迎えた宿命とも言えよう。

そうした事態のなかで、科学に携わる人びとに対して人間として要求できる最小の条件は、先に触れた「共犯意識」ではないかと私は思う。それは(注2)［E］と言い換えてもよい。

F「効用」と「罪業」とは決して二つのことではなく、恰度ヤヌスの顔のように、一つの事態の二つの側面に過ぎないのだ、という自覚である。

◆「ヤヌスの顔」に込められた意味

物を生産するということは、自然を破壊すること。これはヤヌスの顔のように一つの事態の二つの側面に過ぎません。

科学を「両刃の剣」のように器用に使い分けをすることなど、到底不可能だというのです。

それなのに、科学の効用だけを賛美する現代のありようは、まさに科学の頽廃だといえるのです。

「『効用』と『罪業』の双方を生み出す本質的要素」とはいったい何でしょうか?

これは筆者は何の説明も加えていないのですが、私には「欲望」のことのように思えます。物を手に入れれば入れるほどもっと欲しくなる、これが欲望の本質ですね。だから、お金持ちほどお金に対する執着が強いのです。

科学技術が発達し、私たちが豊かな生活を享受できるようになったからこそ、私たちは以前よりももっと物を欲しくなったのです。

人間は地球を破壊し尽くしても、それでも「もっともっと」と際限なく欲望を膨らまし続ける動物なのでしょうか？

では、豊かな暮らしを捨て去ることができなくなった現在、筆者は私たちに何を要求しているのでしょうか？

科学に携わる人びとに対して人間として要求できる最小の条件は、先に触れた「共犯意識」ではないか

これが筆者の主張です。せめて、科学者が「共犯意識」を持てば、科学技術を無条件に賛美する社会の頽廃に少しでも歯止めがかかるのではないか、と。

「私たちも贖罪意識を持つべきだ」

では、すべてが科学者たちだけの責任なのでしょうか？

ただ、あえてもう一言付け加えれば、現代の状況のなかでは、加害者を被害者に変え、

被害者を加害者に変えるという事態が生れていることを、われわれは忘れるわけにはいかない。何が原因で何が結果なのか、見分け難くなっているのである。ということは、[G]われわれの一人一人にもまた、先に科学者に要求した自覚が要求されているのではなかろうか。

「先に科学者に要求した自覚」とは、「共犯意識」のこと。

筆者は科学者だけでなく、私たちにも「共犯意識」を持てと主張しているのです。

なぜ科学者が研究をし、企業がそれにお金を出すのかというと、私たちがそれを要求しているからです。

私たちの際限ない欲望を満たすために、企業は大量生産をし、そのために科学技術を発展させようとしているのですから。

その意味では、私たちも被害者であると同時に、加害者でもあるわけです。

現代の状況のなかでは、加害者を被害者に変え、被害者を加害者に変えるという事態が生れていることを、われわれは忘れるわけにはいかない。

と、筆者が述べているとおりです。

では、そろそろ文章全体の要点をまとめましょう。

◆趣旨をつかまえる

「科学者も私たちも、科学を無条件に賛美することで、地球を滅ぼす可能性にともに荷担しているという共犯意識を持つべきである」

これが趣旨です。そして、唐木順三氏が自分と同じ意見だから、まさにその部分を引用して、筆者は自分の論を展開したのです。

論理的解法…「一般」か「具体」かを意識する

問一　傍線部イ〜ホの漢字の読みを平仮名で記せ。

【解説】

どれも社会人として必要な読み。

【解答】

イ しんし　ロ しつよう　ハ しょくざい　ニ おうと　ホ しゅうえん

問二　傍線部Ａ「そういう形で、裁く」とあるが、どのように裁くことをさすのか、次の1～5の中からもっともふさわしいものを選べ。

1　社会的責任の有無を裁断すること。
2　個人の内面を論理によって裁断すること。
3　個人の政治的立場の善悪を裁断すること。
4　センセーショナルなやり方で高名な学者を裁断すること。
5　科学者としてのあり方の是非を文学者の立場から裁断すること。

【解説】

指示語の問題。「そういう」の指示内容をつかまえたかどうか。

直前の「湯川氏のような高名な『大学者』を名指しで批判することを指している」は、「そうではなく」の「そう」の指示内容。

では、「どういう形で裁く」のかというと、傍線直後に「言い換えれば」とあります。これが「イコールの関係」を表す論理語。

「人間性の一貫性にそれほど信頼がもてない」と「イコールの関係」にあるので、傍線部は、人間を一貫したものとして裁くことに大胆になれないということ。

人間の内面はたえず揺れ動くもので、それゆえ唐木順三氏のように人間は贖罪意識があるかとかないとか単純に割り切れないということ。

それに近い選択肢は2。

【解答】

2

問三　傍線部Bはどのような人間観をいうのか。次の1～5の中からもっともふさわしいものを選べ。

1　人間は所詮弱い存在でしかないという人間観。
2　人間は理想を高く掲げようとしても肉体のために挫折してしまうと考える人間観。
3　人間はある理想を高く保持して一貫した主体性を持っていなくてはいけないという人間観。
4　人間の内面はいろいろな感情や思想がうずまいていて一義的には規定できないという人間観。
5　人間の内面はいろいろな感情や思想がうずまいているが、結局は常識的な範疇の中におさまってしまうと考える人間観。

【解説】

これも「どのような」の指示内容を問う、指示語の問題。

指示語は直前から検討するのが、鉄則。

傍線部「常識的な人間観」は一般的な表現であるのに対して、直前の「その後のアインシュタイン～不徹底なものだったかどうか」までは具体例。

そこで、それを一般化した「人間の一貫性にそれほど信頼がもてない」が、その指示内容。それに近い選択肢は、４。

人間の内面は一貫したものではないのに、唐木順三氏はそれを一貫したものとして捉え、その人が贖罪意識があるかないかで裁断していきます。筆者はそういった点においては賛同できないが、「ことの本質」ゆえに唐木氏に共鳴しているのです。

その「ことの本質」とは、科学に携わるものすべてが「共犯意識」をもつべきだということ。

【論理】

今回の問題のように、文章を読む際、「一般」か「具体」かを意識することが論理的読解には大切になってきます。

筆者の主張（A）は一般。それに対して、**それを裏付ける具体例（A′）などは当然具体。**

そして、**文章の要点は一般的な表現に着目していきます。**

【試験のポイント】

正しい選択肢は、当然本文に書いてある内容です。ただし、本文の言葉をそのまま抜き出すと、簡単に答えがわかってしまうので、試験問題にはなりません。

出題者は正解を隠そうとするものです。そこで、**正しい選択肢は表現を変えることが多いのです。**今回も、「人間の一貫性にそれほど信頼がもてない」＝「一義的には規定できない」と言い換えています。

このような**問題を解くことで、難しい評論用語を修得することができる**のです。

【解答】

4

問四　空欄C、Eの中に入れるのにもっともふさわしい語句、語を、それぞれ次の1〜5の中から選べ。

C
1 一片の感傷
2 古風な道徳
3 優柔不断な態度
4 安易な楽観主義
5 理由のない被害者意識

E
1 さみしさ
2 かなしさ
3 後ろめたさ
4 心ぐるしさ
5 やるせなさ

【解説】

これも**指示語の問題。傍線部や空所はその前後をチェック。**

Cは、空所直前の指示語「これ」の指示内容をつかまえたかどうか。

「これ」は直前の「シャルガフの言葉」を指しています。

シャルガフの言葉は、すべての科学者が「人類の本性の終焉」に対して、無罪ではいられないということ。このことを頭に置いて、各選択肢を消去法で解いていきます。

2 現代の問題だから、「古風」が×。

3 すべての科学者に罪があると断言しているのだから、「優柔不断」が×。

4 「楽観主義」ではなく、「悲観主義」。

5 「被害者意識」ではなく、「加害者意識」。

消去法で、1しか残りません。

Eは、空所直前の指示語「それ」をチェック。

「それ」は直前の「共犯意識」を指しています。

そこで、「共犯意識」の「言い換え」が答えだから、3「後ろめたさ」。

(「共犯意識」＝4「心ぐるしさ」と答えても、私には正直間違いとまでは思えませんが)。

【解答】

C 1　E 3

【論理】

今回の問題のように、入試問題では指示語が鍵となるものが意外なほど多いのです。その**指示語は、実は論理的関係を示す記号の一つ**なのです。

筆者があることを述べたとしましょう。次に筆者がもう一度あることを述べるとき、そ

れを指示語に置き換えることがあります。たとえば、

「私は昨日**二十四色のクレヨン**を買った」

「そして、**二十四色のクレヨン**を使って絵を描いた」

これではしつこくて、しまりのない文章になってしまいます。そこで、

「そして、**それ**を使って絵を描いた」

とします。

このとき、**「二十四色のクレヨン」と「それ」との間には、「イコールの関係」が成立するわけ**です。

まとまった文章に論理構造があるだけでなく、実は**文と文、語句との間にも論理的な関係があります。それを示す記号が指示語や接続語**である限り、指示語や接続語の問題が多く出題されるのも必然といえるでしょう。

問五　傍線部Dで筆者が考えている「科学の頽廃」とはどういうことか、次の1〜5の中

からもっともふさわしいものを選べ。

1　科学の進歩が停滞してしまうこと。
2　科学が社会批判をする契機を失ってしまうこと。
3　科学の発展が逆に社会の進歩を停滞させてしまうこと。
4　科学そのものが無批判に賛美され、その「罪業」が批判されなくなること。
5　科学や科学技術が各種の公害などの「地獄図」をつくり出してしまうこと。

【解説】

傍線直前の「科学――技術はともかく〜出来上ってしまっている」が、「科学の頽廃」の説明箇所。科学の効用だけが論じられるシステムが社会の中に出来上ってしまっていること自体が、「科学の頽廃」。

それに近い選択肢4が答え。

【解答】

4

問六　傍線部Fで筆者は科学者の「共犯意識」を説明しているが、別の角度からこの問題を説明している箇所を本文中から抜き出して、その最初の五字と最後の五字を記せ。ただし句読点は一字に数えない。

【解説】

実は、今回一番の難問。

「共犯意識」を言い換えている箇所なので、素直に考えれば32ページ14行目の「自然科学にはいろいろな分野があっても結局は一つのものであり、一つの分野が無罪でいられないのであれば、どの分野も無罪ではいられないのだ」が答えと思ってしまいがちです。

ところが、設問をよく読むと、「(筆者が)この問題を説明している箇所」とあります。今の箇所は筆者の説明している箇所ではなく、シャルガフの言葉です。

さらに、「別の角度からこの問題を説明している箇所」とあり、この条件も満たしているとは思えません。

「共犯意識」を「別の角度から」といった条件をどう捉えたらいいのか？

本文全体は科学者の「共犯意識」についてです。

ところが、本文末尾に「ただ、あえてもう一言付け加えれば」とあり、次に私たちも「共犯意識」を持つべきだと論じています。

私たちの持つべき「共犯意識」こそが、「別の角度」に相当するのではないでしょうか。

そこで、「われわれの一人一人にもまた、先に科学者に要求した自覚が要求されているのではなかろうか。」が該当することがわかります。

【解答】

われわれの なかろうか

問七　傍線部Gで筆者が指摘していることはどういうことなのか、次の1～5の中からもっともふさわしいものを選べ。

1　科学者に「共犯意識」を持たせるように、我々は常に監視していなくてはいけないということ。
2　現代の混乱した状況の中で「罪業」をひきおこした原因を追及していくのは我々の役目であること。
3　科学の産物を享受することで無意識のうちに我々が加害者になる可能性があることを自覚するべきであること。
4　科学から生ずる「効用」と「罪業」は、我々が監視の目を光らせて、その状況を主体的に判断しなくてはいけないこと。
5　現代の状況の中では知らないうちに我々が被害者になっている場合があるので、常に自分の置かれている状況に注意しなくてはいけないということ。

【解説】
「趣旨」を理解できたかどうかの問題です。
1　われわれも罪を犯したのであるから、「我々は常に監視していなくてはいけない」が×。

2　これも「原因を追及していくのは我々の役目」が、×。

3　私たちが豊かな生活を際限なく望んでいるから、科学者が研究するわけで、そういった意味で私たちも共犯者であるということ。それを説明しているから、○。

4　「我々が監視の目を光らせて」が、×。

5　「我々が被害者になっている」が、逆。

【解答】

3

第二章

文章の中の「論理的関係」をつかむ

【初級編】「愛の本質」を考える（「愛の試み」福永武彦）

人は不条理な存在です。

なぜ人を愛するのか？　なぜそれでも幸福にはなれないのか？　愛の本質とは何か？

文学者福永武彦の究極の恋愛論を読んでいきましょう。

実は、今回の文章は最後の最後で大逆転があるので、お楽しみに。

福永武彦は戦後まもなく活躍した作家で、「草の花」「死の島」などの作品があります。

なお、作家の池澤夏樹は福永武彦の子どもです。

《問題文》「愛の試み」福永武彦

（立教大学）

次の文章を読んで、後の問に答えよ。

人が生れながらにして心の中に孤独を持ち、またそれが愛によって埋められることを先天的に知っているとすれば、当然彼の内部にはその愛の予感のようなものがあるだろう。それは彼が母親や姉妹に対して抱いた幼い愛の原型から想像され得るものだが、彼にとっては未《いま》だ予感としてしか［イ］サッチされず、たとえ今までに幾度か恋愛らしいものを経験したとしても、精神が全的に満足させられることのなかった未知の［ロ］リョウイキなのだ。そしてこの予感は、それがどのような形になって現れて来るものか自分にも分からないままに、次第に成長する。しかしそれは［a］であって、愛ではない。彼の心の状態は依然として欠け落ちた状態であり、孤独の中で愛を待ち望むというにすぎぬ。しかし今や、一種の［ハ］キタイ、——自分の孤独に合せて、この［b］が作り上げた、不確かな、焦点の定まらぬ、永遠の恋人の肖像のようなものが生れて来る。それは具体的な姿かたちを持つことはないし、彼は自分でもそれを説明することが出来ない。しかしこの幻影は彼の後ろに心の影のようについて廻る。それは謂《い》わば彼の孤独から生れ出た愛の虚像であるが、彼はそれが現実にどのような形をとって現れるのかを知らない。

彼は多くの女に会うが、しかし彼の待ち受けているその女はただ一人である。その女の一体どこが他と違うのか、その女のどこに惹《ひ》かれたのか。思うにその動機をつくるものは、どんな簡単なことでもいいのだ、その髪の黒さでも、その瞳《ひとみ》の明るさでも、その声の若々しいはずみでも。ただそれが彼の持つ虚像と一部分でもぴったり重なり合えば、彼は思わず立ち止り、そこで自分の時間の中に停止してしまう。

しかし大事なことは、彼の心の中の虚像と、現実に出会った一人の女の何等かの特徴とが、その時一致したということではない。その場合に[1]彼の時間が停止することである。なぜならば虚像というものは全然不正確不明瞭《ふめいりょう》で、自分自身にもよく正体の摑《つか》めていないものなのだし、僕の恋人たるものは必ずこれこれの条件通りでなければならぬと予《あらかじ》めきめてあったとすれば、それはあまりにナンセンスだ。彼の虚像に[二]マギらわしいような女は沢山いるだろうし、また事実、どの女もそのごく小部分だけは彼の虚像に似ているのだ。彼はその度ごとに、無意識的に立ち止って心の中を覗《のぞ》き込んでいるのだ。ただ、どの場合にも、[2]常に時間が停止するとは限らず、彼は直ちにそのことを忘れて、また周囲の[ホ]ボンヨウな時間の中にまぎれ込んでしまうだろう。

真の愛が目覚める場合、そこに起るのは彼の内部への凝視である。眼の前に現れた一人の女によって、彼の中の虚像が遂《つい》に鮮明なイメージとして成立する。そしてこの新しい対象を通して、彼は自己の内部をありありと見る。つまり彼は今までにも充分すぎるほど自己の孤独と向き合っていたのだし、そこに幻影を描いたり消したりしていたのだが、しかし今此所《ここ》に一つの対象、一つの光源が現れるまでは、この孤独の荒地をはっきりと見定めることが出来なかったのだ。今、光源が虚像に当って一つの実像を作り、更に孤独の上に投影して、不毛の沙漠《さばく》を照し出す。恰《あたか》も肉眼で見ていた月の表面が、望遠鏡によって岩だらけの、荒々しい姿を映し出されるように。[3]時間が停止するのはその時である。そしてそこから、この孤独の認識、この実存の感覚が、逆に虚像を通して新しい対象の方へと迸《ほとばし》り出て行く。彼はそして自己の孤独を明らかに見詰め、この荒地をその隅々まで照し出してくれた光源を、孤独との関係に於《おい》て、望むだろう。この新しい光源も、また一つの孤独であるかもしれぬ。しかし彼にとって必要なのは、草花が太陽の方向に顔を向けるように、彼の中の孤独を鮮やかに映し出してくれた光源なのだ。それが彼の内部にあった虚像を鮮明な実像たらしめ、彼の内部の空白を明らかに認識せしめたものである以上、彼は今や自己の内部の状態をはっきり知るとともに、この孤独の不満とするものをも同時に知るのである。

（福永武彦『愛の試み』による）

問一　‖線を付した片仮名の部分イ〜ホを漢字に改めよ。（ただし楷書《かいしょ》で記すこと）

［解答欄］イ（　　）ロ（　　）ハ（　　）ニ（　　）ホ（　　）

問二　空欄 a ・ b には同一の言葉がはいる。左記各項の中から最も適当なものを一つ選び、記号で答えよ。

1　愛の孤独　2　愛の予感　3　愛の原型　4　愛の欠如

5　愛の虚像　6　愛の目覚め　7　愛の認識

［解答欄］（　　）

問三　——線1・2・3の部分について。「時間が停止する」とは、この場合どういうことか。句読点とも四十字以内で記せ。

〔解答欄〕

問四　〰〰線の部分について。これは比喩的表現であるが、これとほぼ同一の内容を比喩を用いずに述べている部分（一文とは限らない）がある。その部分の初めの三字と終りの三字とを記せ。

〔解答欄〕　□□□　〜　□□□

問五　本文は四つの段落から成っているが、その最後の段落には、筆者の考える「真の愛」の二つの働きが説明されている。一つは自分自身の「内部への凝視」であるが、もう一つはどんな働きか。その働きが簡潔に述べられている箇所を含む一文の初めの三字と終りの三字とを記せ。

［解答欄］□□□～□□□

論理的読解…キーワードを探しながら読め

◆なぜ「愛の予感」なのか？

人はなぜ異性を愛するのか？
なぜ愛すれば愛するほど、より孤独になるのか？
福永武彦はそれに対して、明確な答えを提示しました。

人が生れながらにして心の中に孤独を持ち、またそれが愛によって埋められることを先天的に知っているとすれば、当然彼の内部にはその愛の予感のようなものがあるだろう。

人は生まれながらに孤独な存在です。

確かに、私たちはこの世にたった一人で生まれてきます。そして、たった一人で死んでいくのです。

つまり、人は本質的に孤独な存在として、この世に生を受けたのです。それなのに、その孤独が耐えられないという、まさに不条理な存在なのです。

では、どうすればその孤独から逃れることができるのか？

それを私たちは先天的に知っています。私たちの孤独を癒してくれるのは「愛」の力しかありません。ただし、この「愛」は異性間のそれではなく、母親から受けるものです。

それを筆者は「愛の予感」と名付けました。

では、なぜ、「予感」なのか？

赤ちゃんはそばに母親がいないと泣き出します。それは単にミルクがほしいとか、おしめを替えてほしいとか、そういった自分の世話をしてくれる人がいないからというだけでなく、おそらく孤独そのものを嫌うからでしょう。そして、母親の愛があれば、その孤独は多少とも癒されると、先天的に知っているのです。

そこから、「愛の予感」が生まれます。それなら、やがて異性が自分を愛してくれたなら、きっと孤独は癒されるに違いないと、漠然と予感するのです。

◆孤独ゆえに求める愛

それは彼が母親や姉妹に対して抱いた幼い愛の原型から想像され得るものだが、彼にとっては未《いま》だ予感としてしか（イ）サッチされず、たとえ今までに幾度か恋愛らしいものを経験したとしても、精神が全的に満足させられることのなかった未知の（ロ）リョウイキなのだ。そしてこの予感は、それがどのような形になって現れて来るものか自分にも分からないままに、次第に成長する。しかしそれは［a］であって、愛ではない。彼の心の状態は依然として欠け落ちた状態であり、孤独の中で愛を待ち望むというにすぎぬ。しかし今や、一種の（ハ）キタイ、——自分の孤独に合せて、この［b］が作り上げた、不確かな、焦点の定まらぬ、永遠の恋人の肖像のようなものが生れて来る。それは具体的な姿かたちを持つことはないし、彼は自分でもそれを説明することが出来ない。しかしこの幻影は彼の後ろに心の影のように付いて廻る。それは謂《い》わば彼の孤独から生れ出た愛の虚像であるが、彼はそれが現実にどのような形をとって現れるのかを知らない。

「それは彼が母親や姉妹に対して抱いた幼い愛の原型から想像され得るもの」とありますが、筆者は「愛」を異性間のそれと限定している限り、肉親に対して抱いた感情は、「愛の原型」に過ぎません。

でも、そこから「愛の予感」が生まれたのです。

思春期に入ると、次第に親からの自立を試み始めます。早熟な女性だと小学校高学年から、一般には中学生の頃、懸命に自立しようとし始めるのではないでしょうか。

子どもの頃は何でも親が面倒を見てくれたし、その責任も親がとってくれました。ところが、思春期においては親から離れ、自分で考えるようになります。

自分はいったい何ものなのか、何のために生まれてきたのか、と。

親に対しては距離を置いて観察し始めますから、たとえば父親に男を見、さらにはその先に社会を見て取って、批判し始めることもあるでしょう。

しかし、この時期で何よりも肝心なのは、親から自立しようとした瞬間、自分の孤独とまざまざと向き合わざるを得ないということです。

人は生まれながら孤独な存在でした。

そのこと自体には何ら代わりがなかったのですが、子どものときは親が守ってくれているので、そのことを意識することもあまりなく、しかもまだ幼くて、自己の孤独と向き合う能力も身についていなかったのです。

そして、孤独ゆえに無意識のうちにも愛を求めたのです。


たとえ今までに幾度か恋愛らしいものを経験したとしても、精神が全的に満足させられることのなかった未知のリョウイキなのだ。


この場合、「精神が全的に満足させられる」とは、孤独が完全に消滅すること。

人は孤独を抱えながら、それに耐えきれず、いつもどこかでそれを癒してくれる相手を探し求めています。

多くの人に出会っても、自分の孤独が癒されることがない限り、まだ本当の愛とはいえません。そうした経験を繰り返すうちに、次第に永遠の恋人の肖像のようなものができあがってきます。

それが「彼の孤独から生れ出た愛の虚像」だと、作者は指摘するのです。

◆「個人言語」に込められた作者の思い

「愛の予感」「愛の原型」「愛の虚像」と、聞き慣れない言葉が再三登場します。これらは作者独自の言葉であって、それを**「個人言語」**といいます。

「個人言語」はたいてい文章を読むときのキーワードになりがちなので、注意しましょう。

なぜなら、**作者の特別な思いが込められた言葉**だからです。

たとえば、ある詩人が激しい失恋をしたとしましょう。一人としてこの世に同じ人間がいないのと同じように、一つとして同じ失恋など存在しません。その恋の激しさ、心の痛みなど、どれをとっても一つひとつ異なります。

そのときの気持ちを「悲しい」などと、最大公約数の言葉で表現して満足していたなら、その人は詩人になることはできないでしょう。

この世でたった一つ、一回きりのその気持ちを表現したいと詩人が願ったとき、詩人は手垢のついた言葉を捨て去らなければなりません。

そして、自分だけの言葉を懸命に探し出すことでしょう。
それが個人言語で、当然それは**比喩的な言葉**となるのです。

◆「対立関係」を読み取る

彼は多くの女に会うが、しかし彼の待ち受けているその女はただ一人である。その女の一体どこが他と違うのか、その女のどこに惹《ひ》かれたのか。思うにその動機をつくるものは、どんな簡単なことでもいいのだ、その髪の黒さでも、その瞳《ひとみ》の明るさでも、その声の若々しいはずみでも。ただそれが彼の持つ虚像と一部分でもぴったり重なり合えば、彼は思わず立ち止り、そこで自分の時間の中に停止してしまう。

しかし大事なことは、彼の心の中の虚像と、現実に出会った一人の女の何等かの特徴とが、その時一致したということではない。その場合に[1]彼の時間が停止することである。なぜならば虚像というものは全然不正確不明瞭《ふめいりょう》で、自分自身にもよく正体の摑《つか》めていないものなのだし、僕の恋人たるものは必ずこれこれの条件通りでなければならぬと予《あらかじ》めきめてあったとすれば、それはあまりにナンセンスだ。彼の虚像に[二]マギらわしいような女は沢山いるだろうし、また事実、どの女もそのごく小部分だけは彼の虚像に似ているのだ。彼はその度ごとに、無意識的に立ち止って心の中を覗《のぞ》き込んでいるのだ。ただ、どの場合にも、[2]常に時間が停止するとは限らず、彼は直ちにそのことを忘れて、また周囲の[ホ]ボンヨウな時間の中にまぎれ込んでしまうだろう。

初恋は失敗すると、相場が決まっています。

なぜなら、思春期においては、好きな異性が現れたときに、頭の中でその相手を理想化してしまい、生身の相手ではなく、理想化された異性に対して夢中になるからです。生身の相手に直面したとき、おそらく戸惑ってしまうことでしょう。

彼は「愛の虚像」とほんの一部でも一致している女性と会ったとき、思わず立ち止まってしまいます。

しかし大事なことは、彼の心の中の虚像と、現実に出会った一人の女の何等かの特徴とが、その時一致したということではない。その場合に[1]彼の時間が停止することである。

時間が停止するとは、どういうことでしょう。

さらには、「ただ、どの場合にも、常に時間が停止するとは限らず、彼は直ちにそのことを忘れて、また周囲のボンヨウな時間の中にまぎれ込んでしまうだろう。」とあります。

ここでは、「時間が停止する」と、「ボンヨウな時間の中にまぎれ込んでしまう」が、**「対立関係」**になっています。

「ボンヨウな時間」とは、時計の時間のこと。刻一刻と、時計の時間は均等に、よどみなく流れていきます。

それに対して、「時間が停止する」とは、「意識の時間」といえるでしょう。

たとえば、退屈な時間はなかなか過ぎ去らないのに対して、楽しい時間は一瞬のうちに終わってしまうものです。マラソン選手の一分と、短距離選手の一分とでは、時間の感覚が違います。「意識の時間」においては、決して時間は均等には流れていないのです。僕は注射が嫌いですが、太い注射針を腕に突き刺しては抜き、また突き刺しては抜きと、それを一時間も繰り返されたら、おそらく卒倒してしまうだろうと思います。

そのときの一時間は途方もなく長いのです。

では、「時間が停止する」とはどういうことでしょうか？

何か物思いにふけっていて、思わず我に返ったとき、気がついたら十分も時間が経過していた、こんなときは時間が停止していたといえるでしょう。もちろん、「意識の時間」ですが。

この場合は、「愛の虚像」とどこか一致すると思った女性が現れたときです。

そのときは、思わず自分の内面を覗き込んでしまう。真に愛する相手が出現したとき、孤独は消滅するはずでした。

時間が停止するのは、このときです。

でも、完全に孤独を癒してくれる相手など、どこにもいるはずがありません。やはりこの人ではなかったのかと、彼はまたボンヨウな時間の中に戻っていったのです。

ここまでが、まだ真の愛に目覚めていないときのこと。

では、真に愛する女性に出会ったときは、どうなるのでしょうか？

◆大逆転はここで起こる

真の愛が目覚める場合、そこに起るのは彼の内部への凝視である。眼の前に現れた一人の女によって、彼の中の虚像が遂《つい》に鮮明なイメージとして成立する。そしてこの新しい対象を通して、彼は自己の内部をありありと見る。つまり彼は今までにも充分すぎるほど自己の孤独と向き合っていたのだし、そこに幻影を描いたり消したりしていたのだが、しかし今此所《ここ》に一つの対象、一つの光源が現れるまでは、この孤独の荒地をはっきりと見定めることが出来なかったのだ。今、光源が虚像に当って一つの実像を作り、更に孤独の上に投影して、不毛の沙漠《さばく》を照し出す。恰《あたか》も肉眼で見ていた月の表面が、望遠鏡によって岩だらけの、荒々しい姿を映し出されるように。[3]時間が停止するのはその時である。そしてそこから、この孤独の認識、この実存の感覚が、逆に虚像を通して新しい対象の方へと迸《ほとばし》り出て行く。彼はそして自己の孤独を明らかに見詰め、この荒地をその隅々まで照し出してくれた光源を、孤独との関係に於《おい》て、望むだろう。この新しい光源も、また一つの孤独であるかもしれぬ。しかし彼にとって必要なのは、草花が太陽の方向に顔を向けるように、彼の中の孤独を鮮やかに映し出してくれた光源なのだ。それが彼の内部にあった虚像を鮮明な実像たらしめ、彼の内部の空白を明らかに認識せしめたものである以上、彼は今や自己の内部の状態をはっきり知るとともに、この孤独の不満とするものをも同時に知るのである。

さて、ここからが本番です。

真の愛に目覚めたとき、本来は孤独が完全に消滅されるはずでした。「そこに起るのは彼の内部への凝視」とあるように、彼は自分の孤独と真正面から向き合うのですが、そのとき時間は停止します。

ここから大逆転です。真の愛に目覚めたとき、孤独が消滅されるどころか、ますます自分の孤独を凝視することになるのですから。

◆「月の荒地」の比喩が意味するもの

月の表面はもともと荒涼とした荒地です。

私たちが肉眼で見たとき、月の表面は美しく、時にはウサギが餅をついているように見えたはずです。

ところが、望遠鏡で見たなら、岩だらけの、荒々しい姿を目の当たりにします。

今、光源が虚像に当って一つの実像を作り、更に孤独の上に投影して、不毛の沙漠《さばく》を照し出す。

このとき「光源」とは真に愛する女性。人は真に愛する女性と会ったとき、自分の孤独をまざまざと凝視し、そこから目をそらすことができなくなるのです。

愛する女性を抱きしめたとき、それが強い愛であればあるほど、別れのつらさを思うとでしょう。愛すれば愛するほど、相手の心の奥底を知りたくなるものです。

でも、どれほど愛したところで、結局は相手のすべてを知ることはできないし、二人が一つになることもできないのです。

そして、そのとき、人は自分の孤独とじかに向き合わなければなりません。

夏目漱石の「行人」という作品では、主人公の一郎が愛する女性のスピリッツ（魂）をつかみたいと願います。知の人間である一郎はそれが不可能と知っていながら、女性のスピリッツをつかまなければ発狂するか自殺をするしかないと、自分を追いつめていきます。

そのとき、言葉は無力です。

「愛してる」といった表面的な言葉で満足できる人間には、一郎の苦悩など理解できるはずもありません。

孤独ゆえに愛を求めたはずなのに、真の愛と出会ったとき、人はまざまざと自分の孤独を凝視するのです。

それを作者は「実存の感覚」と表現しています。

◆「実存の感覚」とは何か

「実存」という言葉を、「実存主義」に代表されるように、実に難解なものと思われがちですが、本来は「実際に存在する」といったことではないでしょうか？

人間は孤独に生まれながら、それに耐えきれない存在である。

孤独ゆえに愛を求めるが、真の愛に目覚めたとき、逆に自分の孤独をまざまざと凝視する。

人間とはこうした不条理な存在として在るのであり、合理主義では割り切れない部分に、人間としての本質があるのではないでしょうか？

だからこそ、文学的表現が必要となるのです。

彼はそして自己の孤独を明らかに見詰め、この荒地をその隅々まで照し出してくれた光源を、孤独との関係に於《お》いて、望むだろう。

このときの「光源」とは、真に愛する女性のことでした。

つまり、真の愛に目覚めたとき、人は自分の孤独の荒地をまざまざと凝視することになるのですが、とてもそれに堪えきれることはできません。そこで、孤独ゆえにさらに愛を求めることになるのです。

愛が深まれば深まるほど、さらに孤独になる。孤独になれば、さらに愛を求めていく。そうやって、男と女は破滅に向かっていくのかもしれません。

よく新聞の三面記事やワイドショーで、男女の愛情のもつれから起こる犯罪が取り上げられます。

たとえば、犯人である男性が高学歴であったりすると、「何でそんな馬鹿なことを……」

と思わずつぶやいたりするものです。

でも、愛に学歴は関係ありません。

真の愛に目覚めたとき、人は坂を転げ落ちるしかないのです。

自分で自分の愛情をコントロールできるうちは、まだ真の愛ではないのかもしれません。

それを本能的に察知しているから、表面的な愛で満足しているのでしょうか。

福永武彦の恋愛論は、思わずそのように考えさせられるほど説得力があるのですが、その見事な表現はやはり比喩の巧みさにあるのではないのでしょうか。

論理的解法…「指示語」「接続語」に注目せよ

問一　═線を付した片仮名の部分イ～ホを漢字に改めよ。（ただし楷書《かいしょ》で記すこと）

【解答】
イ（察知）　ロ（領域）　ハ（期待）　ニ（紛）　ホ（凡庸）

問二　空欄［a］・［b］には同一の言葉がはいる。左記各項の中から最も適当なものを一つ選び、記号で答えよ。

1　愛の孤独　2　愛の予感　3　愛の原型　4　愛の欠如
5　愛の虚像　6　愛の目覚め　7　愛の認識

【解説】
すべての選択肢には、「愛」が含まれています。そこで「愛の〜」の「〜」に当たる部分を選べばいいわけです。

そこで、［a］には、「それ」の指示内容が入るとわかります。「それは［a］であって、愛ではない」から、「それ」＝［a］。

指示語は直前から検討が、鉄則。

すると、「この予感は、それがどのような形になって現れて来るものか自分にも分からないままに、次第に成長する。」とあるので、「それ」＝「この予感」とわかります。
「この予感」とは、もちろん「愛の予感」のこと。

【解答】
（２）

【論理】
一文の中には、「主語」と「述語」、「修飾」と「被修飾」といった論理的関係がありま す。

さらに、**一文と一文との間にも論理的関係があり、それを示す記号が、たとえば「指示語」「接続語」なのです。**

そういった論理的関係を読み取ったかどうかを、今回の問題を含めて、多くの設問で試しているのです。だからこそ、入試問題を論理的に解くということは、頭脳を論理的に回転させるトレーニングとなるわけです。

問三　――線1・2・3の部分について。「時間が停止する」とは、この場合どういうことか。句読点とも四十字以内で記せ。

【解説】
すでに「論理的読解」で解説したように、「自分の内部を覗き込む」とき、時間が停止するのです。それは自分の孤独と向き合うことに他なりません。

【解答】
愛の虚像と一致したと思う女性
と出会った時、自分の中の孤独
と向き合うこと。

問四　〰〰線の部分について。これは比喩的表現であるが、これとほぼ同一の内容を比喩を用いずに述べている部分（一文とは限らない）がある。その部分の初めの三字と終りの三字とを記せ。

【解説】


「一文とは限らない」といった条件に注意。

比喩は、何を何に喩えたのかに着目。


光源が虚像に当って一つの実像を作り、更に孤独の上に投影して、不毛の沙漠《さばく》を照し出す。


「光源」とは、私の内部を照らし出すもので、「女性」のこと。「虚像」は「愛の虚像」。

「不毛の沙漠」は孤独な心の情景を喩えたもの。

「これとほぼ同一の内容を比喩を用いずに述べている部分」としては、80ページ4行目の
「眼の前に現れた一人の女によって、彼の中の虚像が遂《つい》に鮮明なイメージとして成立する。

そしてこの新しい対象を通して、彼は自己の内部をありありと見る。」が対応します。

「光源が虚像に当たって一つの実像を作り」＝「眼の前に現れた一人の女によって、彼の

中の虚像が遂《つい》に鮮明なイメージとして成立する」。
「孤独の上に投影して、不毛の沙漠《さばく》を照し出す」＝「この新しい対象を通して、彼は自己の内部をありありと見る。」。

【解答】

眼の前～と見る

【論理】

私たちが何かを伝えたいとき、たいていはその何かが抽象的で、わかりにくい場合が多いのです。特に、今回のように、人の心の奥底にあるものを伝えたいときは、「理屈はわかるけれど、何かぴんとこない」と思ったりします。

そのとき、**その何かを、身近なものに置き換えると**、なるほどと実感できることがあります。それが**比喩**です。

喩えるものと、喩えられるものとの間には、「イコールの関係」が成り立つので、比喩は決して感覚的なものではなく、論理的な手段の一つなのです。

比喩の問題が多く出題されるのも、そうした論理力の有無を試したいからです。

問五　本文は四つの段落から成っているが、その最後の段落には、筆者の考える「真の愛」の二つの働きが説明されている。一つは自分自身の「内部への凝視」であるが、もう一つはどんな働きか。その働きが簡潔に述べられている箇所を含む一文の初めの三字と終りの三字とを記せ。

【解説】
最終段落は「真の愛に目覚めたとき」。その二つの働きの内の一つめが「内部の凝視」と指摘されているので、もう一つの働きを探します。

そしてそこから、この孤独の認識、この実存の感覚が、逆に虚像を通して新しい対象の方へと迸《ほとばし》り出て行く。彼はそして自己の孤独を明らかに見詰め、この荒地をその隅々まで照し出してくれた光源を、孤独との関係に於《お》いて、望むだろう。

が、もう一つの働きの箇所。

要は、孤独ゆえにますます相手の女性を求めるという働きのこと。

該当箇所は二文なので迷いますが、「その働きが簡潔に述べられている箇所」は、「この荒地をその隅々まで照し出してくれた光源を、孤独との関係に於《お》いて、望むだろう。」。「この箇所を含む一文」が該当箇所。

【解答】

彼はそ　～　だろう

第三章

論理力で「説明力」がアップする

【中級編】「時間」について考える（「夢のように」福永武彦）

東京大学の問題は何となく文章を読んでいる人にとってはきわめて難問であり、論理的に文章を読んでいる人にとっては決して難しい問題ではないといえます。

論理力を鍛えるには、東京大学の問題こそ最適です。

再び福永武彦の文章。前問でも「時間」について出てきましたが、今回はその「時間」について真正面から論じた文章です。

《問題文》「夢のように」福永武彦

（東京大学）

次の文章を読んで、後の設問に答えよ。

夢のようだという表現は、恐らく流れて行く時間の早さを示すために、人類とともに古くからあったのかもしれない。それはまた、(ア)人生の有為転変を示すものであった。浦島太郎にしても、リップ・ヴァン・ウインクルにしても、彼らが別世界で暮らしていた間の時間は、あっというまに過ぎ去っていった。考えてみると、彼等の別世界における日常では（必ずしも別世界でなくてもいい、自覚せられていない日常という意味である）時間はゆっくりと、等間隔にリズムを打ちながら、過ぎて行きつつあった。しかしある瞬間に（つまり彼等がこちら側の世界に戻《もど》って来た瞬間に）過去は一種の衝撃となって彼等に迫って来る。それは眠りから急激に覚めた時の印象に似ていて、過去は流動する流れとしてではなく、一個の物として認識される。その点から、(イ)彼等の体験はまさに夢と似かよって来る。

何となれば夢というものも、日常とは別の次元に属し、流れではなく物であり、無時間の混沌《こんとん》とした大きな塊りなのである。そして昔を顧みて夢のようだと言う時に、時間はその日常的な早さを一足飛びに飛び越してしまっている。飛び越された部分、つまり夢の部分は、燃え尽きた時間の灰にすぎない。そしてその灰は刻々に冷たくなり、次第に形を失い、忘れられ、ついには風に吹かれるがままに、四散して、あとには何も残らなくなる。

　従って、夢のようだという表現は、時間の早さを示すことによって、人生のはかなさをも示している。信長が桶狭間《おけはざま》の出陣を前に幸若舞の「敦盛《あつもり》」を舞って、「天下のうちをくらぶれば、夢まぼろしのごとくなり」と歌った時に、(ウ)彼は敦盛の哀れな生涯を貫く鍵語《キーワード》としての「夢まぼろし」を、人生一般に通じる象徴として、一つの決意にまで高めたのであろう。人生が一つの夢だということを真に悟りさえすれば、信長でなくても、その人間には何一つ恐れるものはないはずである。

（福永武彦『夢のように』による）

設問（一）「人生の有為転変」（傍線部(ア)）とはどういうことをいうのか。

（二）「彼等の体験はまさに夢と似かよって来る」（傍線部(イ)）とあるが、どういう点からそのように言えるのか、わかりやすく説明せよ。

（三）「彼は敦盛の哀れな生涯を貫く鍵語《キーワード》としての『夢まぼろし』を、人生一般に通じる象徴として、一つの決意にまで高めた」（傍線部(ウ)）とあるが、どういうことか。

論理的読解…作者の立てた筋道を追いかける

◆「話題」はどこにある?

東京大学の問題は決して難しいわけではありません。もし難しいとすれば、すべての設問が説明問題となっていることです。

何となく文章を読み、ぼんやりとわかったようなわからないような。

おそらく大方の人はそのような文章の読み方をしているのではないでしょうか。それでも、選択肢があれば、そこそこ点数をとることは可能なのです。

でも、自分の頭の中で整理されていないことを、どうやって人に説明することができるのでしょう。ましてや、限られた時間の中で、いくつかの条件の下で文章化するのは、至難の業といえるでしょう。だから、「何を書いていいのかわからない」となるのです。

筆者の立てた筋道（論理）を理解しているから、設問に対して筋道を立てて答えることができるのです。要は、説明問題は論理の組み換えといえるでしょう。

夢のようだという表現は、恐らく流れて行く時間の早さを示すために、人類とともに古くからあったのかもしれない。それはまた、(ア)人生の有為転変を示すものであった。

話題は、「夢のようだという表現」について。

このように話題を意識することで、何となく目で活字を追いかけるといった文章の読み方から、作者の立てた筋道を理解する論理的読解へと変える、その第一歩となることができます。

私たちは「まるで夢のようだ」といった表現をよく使いますが、それは「時間の早さ」を示す表現だったのです。

そして、それは同時に「人生の有為転変」を示すものでもあったのです。

「有為」とはあらゆる物事、事象、それらすべてのこと。

「転変」とは絶えず変化すること。

「人生の有為転変」とは、人生は絶えず変化し、不変のものなど何一つないこと。だから、すべてが「夢のように」過ぎ去ってしまうのでしょう。

以下、作者はこの命題に対して、論理的責任を果たさなければなりません。

論理的に説明するとは、**「イコールの関係」「対立関係」「因果関係」によって論理を展開することに他なりません。**

◆まず、具体例をつかまえる

浦島太郎にしても、リップ・ヴァン・ウインクルにしても、彼らが別世界で暮らしていた間の時間は、あっというまに過ぎ去っていった。

浦島太郎とリップ・ヴァン・ウインクルは「時間の早さ」を示す証拠として挙げられた

具体例。

そこには、**作者の主張（A）＝具体例（A´）といった「イコールの関係」が成り立ちます。**

リップ・ヴァン・ウインクルは、アメリカの小説家アーヴィングの作品、その主人公の名前で、この小説は西洋の浦島太郎といわれるものです。

リップ・ヴァン・ウインクルはある日、森に迷い込み、そこで不思議な男たちと酒盛りをし、すっかり眠り込んでしまう。目が覚めたとき、アメリカが独立し、妻は死んでいたのです。

眠ってしまった間に、二十年も時間が過ぎ去っていたわけです。このとき、「夢のようだ」といった表現は、「時間の早さ」を示していますね。

◆物としての時間

しかしある瞬間に（つまり彼等がこちら側の世界に戻《もど》って来た瞬間に）過去は一種の衝撃となって彼等に迫って来る。

とは、どういうことでしょうか?

浦島太郎は竜宮城から帰って、玉手箱を空けた瞬間、白髪頭のお爺さんとなったし、リップ・ヴァン・ウインクルもこちらの世界に戻ったとき、一瞬にして二十年の時間が過ぎ去ったのです。そのとき、

過去は流動する流れとしてではなく、一個の物として認識される。

こんなことは現実にはあり得ないと思われがちです。ところが、私たちはそれを日常的に体験しているのです。

その点から、(イ)彼等の体験はまさに夢と似かよって来る。何となれば夢というものも、日常とは別の次元に属し、流れではなく物であり、無時間の混沌《こんとん》とした大きな塊りなのである。そして昔を顧みて夢のようだと言う時に、時間はその日常的な早さを一足飛びに飛び越してしまっている。

夢を見ているそのとき、おそらく時間はゆっくりと流れているはずです。ところが、目が覚めた後に夢の内容を思い出そうとするとき、時間は一瞬に過ぎ去っていることに気づかされます。

そのとき、時間は一瞬の衝撃として、物のようにあったのです。

私たちが日常生活しているときは、時間は等間隔に流れているのですが、過去を振り返ったとき、時間は一瞬に過ぎ去る「物」として認識されることになります。

だから、「人生は夢のようだ」といった表現が成立するのです。

◆過去を一瞬にして思い出す走馬燈的体験

人は死ぬ瞬間に、それまでの全人生を走馬燈のごとく思い出すといわれています。

それを走馬燈的体験というのですが、これは本当でしょうか?

自分の過去に起こった出来事をすべて一瞬のうちに思い出すなんて、どう科学的に考えてもあり得ないことのようです。

それではこう考えてみてはどうでしょうか?

時間は普段は等間隔に流れているが、浦島太郎の竜宮城の体験のように、どうしても忘れられない体験をしたとき、時間は物として記憶される。

子どものときの忘れられない体験。

初恋の思い出。

愛する人との死別など。

自分では意識していないのですが、そうした体験は物として、私たちの脳裏のどこかに刻み込まれている。そして、死を迎えたとき、脳裏に刻まれた物としての記憶が自動的に再生される。コマ送りのように高速で物としての記憶が一瞬にして展開される。

アニメーションの原理が、まさにそれですね。

走馬燈的体験が可能ならば、時間はそのとき、物として存在したわけです。


「なぜ閻魔《えんま》大王はすべてを見とおした上で人を裁けるのか」

私の妄想はさらに膨らみます。

私はかって『水月』という小説を講談社から刊行したのですが、これは死後の世界を舞台にした恋愛小説です。

主人公の脳裏に刻み込まれた物としての記憶が死んだ瞬間に次々と再生され、しかもそれが想念の世界で増幅され、新たなドラマを生み出すといった不思議な世界を描いたものです。

私たちは死んだら閻魔大王に裁かれるといわれているのですが、閻魔大王はすべての人間の過去をどうやって知ったのでしょうか？

こうした疑問も時間を物として考えたなら、解決がつくのかもしれません。

人間の魂には忘れられない体験が物として刻み込まれています。いや、死んだ瞬間、魂に刻み込まれた記憶が走馬燈的に再現されるのです。

閻魔大王は一瞬にして、その人間の過去のおこないを知ることができるわけです。裁くのは簡単なことです。

人は自分の魂に刻み込まれた記憶を偽ることができないのですから。

話を福永武彦の時間論に戻しましょう。

生きているまさにそのときは時間はゆっくりと流れ、私たちはその長い時間を一つひとつ消化しているのですが、いざ振り返ったとき、過去の体験は一瞬にして過ぎ去ります。

そのとき、時間は物として認識され、まさに人生は夢のようだったとなるのです。

◆「夢まぼろし」というキーワード

従って、夢のようだという表現は、時間の早さを示すことによって、人生のはかなさをも示している。信長が桶狭間《おけはざま》の出陣を前に幸若舞の「敦盛《あつもり》」を舞って、「天下のうちをくらぶれば、夢まぼろしのごとくなり」と歌った時に、(ウ)彼は敦盛の哀れな生涯を貫く鍵語《キーワード》としての「夢まぼろし」を、人生一般に通じる象徴として、一つの決意にまで高めたのであろう。人生が一つの夢だということを真に悟りさえすれば、信長でなくても、その人間には何一つ恐れるものはないはずである。

ここで作者は「人生は夢のようだ」といった表現に対し、もう一つの主張を提示します。

一つはその表現が「時間の早さ」を表しているということ。

もう一つは、「人生のはかなさ」。

人生が一瞬に過ぎ去るものならば、浦島太郎の玉手箱を思い起こすまでもなく、それははかないものなのです。

それを示す具体例が、信長の桶狭間出陣前に舞った、幸若舞の「敦盛」です。信長は出陣前になぜ「敦盛」を舞ったのでしょうか？

自分よりもはるかに多い軍勢に立ち向かわなければならない。

信長だって人間である限りは恐ろしいに違いありません。でも、人生がはかないものであるならば、自分の人生が夢ならば、もう何も恐れる必要などありません。

そうやって信長は自分の恐怖心を断ち切って、出陣していったのです。

論理的解法…説明問題の解き方のコツをおさえる

【試験のポイント】

これは基本的な問題です。東京大学の問題だからといって、すべてがすべて難問だというわけではありません。むしろ、基本的な良問のほうが多いのです。

すべて「傍線部を説明せよ」といった問題で、これを**「説明問題」**といいます。

こうした「説明問題」は、説明すべきポイントを明確につかみ、設問に対して、筋道を立てて答えていきます。

設問とは、受験生が本文を理解したかどうかを試すためのものです。

だから、本文に書いていないことを自分勝手に書くのではなく、本文に書いてあることを筋道を立てて書くことが肝心です。

ポイントを数え上げ、それを筋道を立てて説明する。そうした作業が、あなたの論理力を鍛えてくれるのです。

設問（一）「人生の有為転変」（傍線部(ア)）とはどういうことをいうのか。

【解説】

まず「有為転変」の意味をおさえます。

世の中のすべてのものが絶えず変化して、しばらくの間も同じ状態にとどまることがないもの。それが人生だというのです。

そして、次の段落で、その具体例として浦島太郎とリップ・ヴァン・ウインクルを挙げます。

二人の体験はともに「あっという間に過ぎ去」り、それが夢のようだったのです。

①「有為転変」の辞書的意味をおさえたか。
②「あっという間に過ぎ去ること」

この二つがポイント。

【解答】

人生は絶えず変化に富み、一時もとどまることはないが、すべては一瞬に過ぎ去ってしまうということ。

（二）「彼等の体験はまさに夢と似かよって来る」（傍線部(イ)）とあるが、どういう点からそのように言えるのか、わかりやすく説明せよ。

【解説】

「彼等の体験」と「夢」とがどういう点で似かよって来るかを説明すればいい問題。

「彼等」とは、浦島太郎とリップ・ヴァン・ウインクル。

「彼等の体験」とは、こちら側の世界に戻ってきたとき、時間が一瞬の衝撃となって、物として認識されたこと。

それが夢と似かよっているというのです。

① 「時間が一瞬の衝撃」となったこと。
② 彼等の体験と夢が、ともに時間を物として認識している点。

【解答】

浦島太郎とリップ・ヴァン・ウインクルがこちらの世界に戻った瞬間、過去が一瞬の衝撃となったように、時間が物として認識されるという点。

（三）「彼は敦盛の哀れな生涯を貫く鍵語《キーワード》としての『夢まぼろし』を、人生一般に通じる象徴として、一つの決意にまで高めた」（傍線部㋒）とあるが、どういうことか。

【解説】

「説明」するには、省略部分や飛躍部分を見つけて、それを補ってやらなければなりません。そのためには一文を論理的に分析する力が要求されるのです。

「彼」とは、信長のこと。

敦盛の生涯を貫くキーワードが、「夢まぼろし」。

その「夢まぼろし」とは、はかないということ。

それは敦盛の生涯に限らず、作者は人生一般に通じる象徴だというのです。

さて、「一つの決意」とは何か？

これは出陣の決意のことです。では、なぜ、「夢まぼろし」が出陣の決意となったのか。

ここに論理の飛躍があるので、そこを補ってやらなければなりません。

人生が所詮はかないものならば、もう恐れるものはないはずです。だから、出陣の決意となったのです。

では、ポイントを整理しましょう。

①敦盛の生涯を貫くキーワードが、「夢まぼろし」だったこと。
②それは人生一般に通じることだということ。
③「夢まぼろし」とは、はかないということ。
④人生が夢ならば、もう何も恐れるものはないと、信長が出陣の決意としたこと。

【解答】

敦盛の生涯を貫くキーワードは「夢まぼろし」であるが、それは人生一般に通じるものであり、信長は人生は所詮夢のようにはかないものだから、もう何も恐れるものはないと、それを出陣の決意にまで高めたこと。

（注）東京大学は正式解答を公表していません。本書の解答・解説は著者が作成したものです。

第四章

「レトリック」を論理で読み解く

【中級編】「芸術・学問」について考える（「風邪熱談義」河上徹太郎）

今回の問題は、河上徹太郎の鮮やかなレトリックを読み取ってください。

レトリックはまさに文章の華であり、そこには「わかってもらいたい」といった作者の願いが込められています。

そして、レトリックこそ、論理そのものでもあるのです。

《問題文》「風邪熱談義」河上徹太郎　（法政大学）

次の文章を読んで、後の問に答えよ。

この正月、私としては珍しく風邪で高熱を出して数日寝込んだ。そんなことはまずここ数年間なかったことである。子供の頃虚弱だった私は、冬はよく床の中で過した。熱に浮かされてウツラウツラと眠りに誘いこまれ、フト眼を覚ますと障子に当たっていた陽の光がすっかりうすれて、街からは豆腐屋のラッパが聞え、台所では母がコトコトと何か俎《まないた》の上で刻んでいる。子供は聞きながら、ああ、今日も終わったと、甘い夢心地である。それは彼なみの無為への悔恨なのだが、しかしこれも子供なみに、懶惰《らんだ》な誘惑に身を任せたという、官能的な陶酔でもあるのだ。

今度私は五十年以上たって同じ経験を繰返し、同じ想いを思い出し味わった。それは少年の日の甘い追憶なのだが、然し追憶だから甘いのではなくて、この種の体験自体がいつでも甘いのである。

かぜをひけば天下晴れて寝ていられる。この特権をなぜ人々はもっと利用しないのだろう？　あなたは好きな時に寝て、そして何時に起きねばならないということもないのだ。こんな非現代的な、公認された放蕩《ほうとう》、全く抑圧のない肉体の放縦イ、それが市井ロ人のわれわれのすぐ手近に準備されて待っているとは一寸想像出来ないことである。

人は一日会社をサボって、うちで不貞寝をしていることは出来る。しかしこれとそれとが味が違うことは、単に公認非公認の問題ではない。いうまでもなく、それは健康と病気の違いなのだが、然し私はかぜで寝るのが「病的」だとは医学的意味以外にはいいたくない。その寝っぷりが人間的である点で、私はこちらの方が健康であるといいたいのである。

それにはひたすら『熱』というものの協力に、われわれは感謝しなければならない。熱がすべてを企画し、情熱づけ、こちらの責任を全部背負ってくれる。だからこちらは完全に自由なのである。今日人々があんなに声高く口にし、しかもとんでもない所を探しまわっている自由は、実はこんな身近な所にあるのである。

これに対し先ほどの欠勤者のうたた寝は、さしあたりこの自由が恵まれていない。彼は眠りつつそれを自分の責任で探さねばならない。つまり彼の眠りはそれだけ醒めているのである。

熱を病んで眠っている状態は、スポーツの一形式である。それだけに辛い。また刻々体力を消耗する。そんなことはいうまでもないが、ところでこのスポーツの相手、すなわち敵は誰か？　それは自分自身である。そのことがこの取組を八百長めいて、とりとめないものにする。しかし利点としては、勝ち負けに関らず試合を後腐れのないものにし、また私をどんな点でも傷つけない。その点でサッパリしているのである。

いい廻しが堅苦しくなったが、［(1)］、かぜの御蔭でかなり熱は高くても生命の危険やさしたる病苦もなく、忘我に近い恍惚境にはいり、世間かまわず大っぴらに昼間っから夢を見ていられるということは、何たる選ばれた者の特権が万人に与えられているのだろうということが［(2)］。人はこういう状態を購うために普通酒か麻薬を用いる。しかしその効果はこれほど完璧ではない。

そのうち酒は、その狙いが必ずしも酔うことにはない。その酔いには社交性が伴ったり、またある意味でしらふ以上に鋭く醒めることを求めて飲むということもたしかにいえるのである。

麻薬といえば、前代のオピアムやアシッシから今日のシンナーに至るまで、目的はただ酔うことにあるようだ。不幸にして私はその味を知らないから、常習者からは笑われるかもしれないが、酔うという一事で一括してよければ、私が今いっていることと同じではないか？　百年以上も前に、ボードレールはトーマス・ド・クインシイのA顰《ひそ》みに倣《なら》い、阿片の齎《もたら》す幻覚に基づいて『人工天国（パラディ・ザルティフィシェル）』という美しい散文一巻を書いた。私は青年時代、別にそれを自分で実践しようという誘惑に脅かされることなく、一つの文学作品としてそれを鑑賞した。

今日の殊に戦後の麻薬については、私は更に不案内である。時にそれを扱った小説作品に出会うが、そこにはそれに伴う事件は描いてあっても、服用者の生理的実感については何も私に教えてはくれないのである。

だから私はかぜ熱がそれの代用品になるかどうか知らぬ。しかしそれは別にしても、熱の忘我の中にはたしかに酔いがある。それが私を解放し、陶酔させ、一種の無何有境へ連れこんで遊ばせてくれる。これほど手近な、安価な、間違いのない、（効果の上でも危険性の上でも）麻薬遊びがあろうか？　人はそれによって疎外・蒸発、自由自在だし、復帰は百パーセント確実である。しかもその肉体は、宇宙飛行士その他特殊技能者の如く全身洗い浄められ、生れ変ってすがすがしく以前の戦列につけるのである。Bこれほど健康な状態があろうか？

だから、c右の状態は、□。勤め人がたまの休日を人ごみに揉まれて郊外の遊園地あたりで子供とあわただしい一日を過すみじめさはよく漫画のタネになっているが、一方われわれはお小使いをしわ寄せすれば、昔なら貴族富豪の独専であった汽車旅行やホテル生活を味わうことが出来る。しかしそこには歪められた優越感・虚栄心以外にどんな陶酔があろうか？　そしてまた、今では幽邃《ゆうすい》な古社寺の門前には観光バスが列び、名代の食い物屋が日に数百千の客を賄わねばならないとなれば、味はいやでも規格化せざるを得ない。つまり万人がエリートなのであって、優越感というものが余り快楽の上でものをいわなくなった時代である。あくせくレジャーを求めて、どれだけ心身ののびやかさと解放感が得られるのか？　実は勤労生活をちょうど裏返しにした時間の網の目を、ノルマを遂行するために勤勉に辿っているだけなのである。

　近代人が物質を支配することを覚えたつもりでいて逆にこれに支配されていることは人々が口にするところだが、時間についてもそれがいえる。電車を待つ二分間を週刊誌がないと潰せないとは、何たる惨めなことであるか！　古代人は悠々懐《ふとこ》ろから小銭や札束を出して使い分けるように、時間をわがものと扱って暮していた。思えば時間の単位が十進法でなく六十進法であることは、何という叡智であろう？　六十は二でも三でも四でも五でも六でも割れる。その各自の個性的な組合せのうちに、勤労とレジャー、優雅と時間貧乏の差違が出て来るのである。

（河上徹太郎「風邪熱談義」による）

問一　文中の空欄(1)、(2)にはいる最も適切な言葉を、次のa〜gのうちから選べ。

a　反対に私は　b　要するに私は　c　これに対して私は　d　かえって私は
e　いいたいのである　f　試みたいのである　g　いえるのである

(1)　□　(2)　□

問二　傍線A顰《ひそ》みに倣《なら》いは、「昔、中国の越《えつ》の西施《せいし》という美人が病んでまゆをしかめ、美しく見えたのを見て、女たちがみんなまゆをしかめたという故事」から使われるようになった言葉である。傍線Aではどういった意味で使われているか簡潔に記せ。

問三　筆者は熱の忘我の酔いについて、傍線Bこれほど健康な状態があろうか？　と述べているが、それでは筆者の考える不健康な状態とはどのような状態なのか。そのことを端的に記している箇所を最初の二文字と最後の六文字で示せ。

□□　□□□□□□

問四　傍線C右の状態は、につづく文章として左のなかのいずれが適切か、一つ選べ。
イ　いうなれば究極の快楽の状態というべきものである。
ロ　完全な自由を求めてやまない人間の姿である。
ハ　動物としての人間の自然な状態なのである。
ニ　正しくレジャーというものの理想的な状態なのである。

□

問五　傍線イ、ロ、ハの読みをひらがなで書け。
イ　□　ロ　□　ハ　□

問六　この文章の初出は、昭和44年2月2日「朝日新聞」PR版である。風邪熱の生理的感覚にことよせて筆者をここまで執拗《しつよう》に語らせた時代的背景としてどんな推察が可能か、次の中から自分の推察と異るものを選べ。

イ　その頃はまだ肉体は抑圧されず、放蕩《ほうとう》は公認されていて、人間は機械のように働かされるということはなかった。

ロ　二十年前の日本の社会は、労働量とともに周囲への気働きがみんなに要求され、市井人も心理的負担が重かった。

ハ　その頃は、だれもが他人の顔色を伺い行動を気にする結果、働き方もレジャーのとり方も勤勉そのものであった。

□

論理的読解…ひとひねりあるテーマに気づけるか

◆体験から入った文章を読むときの鉄則

随筆などではしばしば作者が自分の体験を提示することがあります。

それはいったい何のためか？

当然、文章には作者の主張があり、作者はその主張を不特定多数の読者にわかってもらおうと筋道を立てます。

したがって、作者の主張とまったく関係ない体験話をするはずはないのです。

作者は自分の主張を裏付けるために、身近な例を挙げたのですから。

冒頭、作者は自分の体験から入っています。**作者の主張を（A）とすると、自己の体験は（A´）、そこにはA＝A´といった論理的関係が成り立ちます。**

そこで、**A´から始まった文章は、作者の主張であるAを探して、そこまで一息に読んでいきます。**それが論理的読解です。

◆風邪で寝込むのは特権？

「正月早々、風邪のため高熱が出て寝込んでしまった」

作者は自分のこうした体験から話を始めます。

当然、「何てお気の毒な」といった読者の反応を想定してのことです。

ところが、どうも話の展開が、私たちが予期したものとは違う方向に進んでいきます。

作者は「風邪熱で寝込んだ状態」を、これでもかというくらいに褒めちぎっていくのです。

作者は高熱で寝込んだ状態を、「懶惰《らんだ》な誘惑に身を任せたという、官能的な陶酔」と規定します。

かぜをひけば天下晴れて寝ていられる。この特権をなぜ人々はもっと利用しないのだろう？　あなたは好きな時に寝て、そして何時に起きねばならないということもないのだ。こんな非現代的な、公認された放蕩《ほうとう》、全く抑圧のない肉体の放縦、それが市井人のわれわれのすぐ手近に準備されて待っているとは一寸想像出来ないことである。

まさに風邪熱賛歌。さらに、作者は、

かぜの御蔭でかなり熱は高くても生命の危険やさしたる病苦もなく、忘我に近い恍惚境にはいり、世間かまわず大っぴらに昼間っから夢を見ていられるということは、何たる選ばれた者の特権が万人に与えられているのだろう

とまで断言するのです。

私たち読者はなるほどと納得する反面、やはり頭の中でははてなマークが何度も浮かび上がってくるのではないでしょうか？

熱の忘我の中にはたしかに酔いがある。それが私を解放し、陶酔させ、一種の無何有境へ連れこんで遊ばせてくれる。これほど手近な、安価な、間違いのない、（効果の上で危険性の上でも）麻薬遊びがあろうか？

確かに風邪で死ぬことはめったにありません（決して油断はできないですが）。一定期

間寝ていればやがては治るのですから、麻薬などに比べれば安全だということはできます。しかも、誰からも文句をいわれることなく、好きなだけ寝ていられる。まさにここには自由な、開放感があったのです。

でも、私たちの疑問はまだ解消されることはありません。

この作者は、風邪熱を賞賛することで、いったい何がいいたいのでしょうか？

◆A′→Aの論理パターンの「A」を探せ

A′から入った文章は、Aを探して読んでいくのが、論理的読解の鉄則。

実は、この文章はA′が長いだけのものだったのです。

では、作者の体験（A′）がどこまで続くのか？

どこで、作者の主張（A）がくるのか？

ところが、どこまで読んでいっても、いっこうに作者の主張（A）が登場しません。

なぜか？


だから私はかぜ熱がそれの代用品になるかどうか知らぬ。しかしそれは別にしても、熱の忘我の中にはたしかに酔いがある。それが私を解放し、陶酔させ、一種の無何有境へ連れこんで遊ばせてくれる。これほど手近な、安価な、間違いのない、(効果の上でも危険性の上でも)麻薬遊びがあろうか？　人はそれによって疎外・蒸発、自由自在だし、復帰は百パーセント確実である。しかもその肉体は、宇宙飛行士その他特殊技能者の如く全身洗い浄められ、生れ変ってすがすがしく以前の戦列につけるのである。B これほど健康な状態があろうか？

だから、C 右の状態は、□。

ここでも風邪熱による忘我の酔いを麻薬と比べ、「これほど健康な状態があろうか」と述べています。では、どこで**一般化**するのか？

だから、C 右の状態は、□。

「だから」は、因果関係を示す論理語。

可能性としては、作者の主張（A）を□にすることで隠したとしか考えられません。

なぜなら、その後の文章は「風邪熱」と「対立関係」にある具体例だからです。

◆隠されていた「対立関係」

勤め人がたまの休日を人ごみに揉まれて郊外の遊園地あたりで子供とあわただしい一日を過すみじめさはよく漫画のタネになっているが、一方われわれはお小使いをしわ寄せすれば、昔なら貴族富豪の独専であった汽車旅行やホテル生活を味わうことが出来る。しかしそこには歪められた優越感・虚栄心以外にどんな陶酔があろうか？　そしてまた、今では幽邃《ゆうすい》な古社寺の門前には観光バスが列び、名代の食い物屋が日に数百千の客を賄わねばならないとなれば、味はいやでも規格化せざるを得ない。つまり万人がエリートなのであって、優越感というものが余り快楽の上でものをいわなくなった時代である。あくせくレジャーを求めて、どれだけ心身ののびやかさと解放感が得られるのか？　実は勤労生活をちょうど裏返しにした時間の網の目を、ノルマを遂行するために勤勉に辿っているだけなのである。

ここでも具体例（A´）から始まっています。

「休日に子供を遊園地に連れて行く例」「ツアーと称するパック旅行」など、**具体例（A´）から始まった文章はAを探し出すのが、鉄則。**では、どこで一般化するのか？

あくせくレジャーを求めて、どれだけ心身ののびやかさと解放感が得られるのか？

ここで私たち読者は「やられたあ」となるわけです。

つまり、この随筆は風邪熱とは何の関係もない「現代のレジャーの話」だったのです。

そして、**「現代のレジャー」**と**「風邪熱の状態」**が、**「対立関係」**だったのです。

◆文章を魅力的にするレトリックの効用

現代のレジャーは規格化され、自由も開放感も得られなくなった。

⇔

風邪熱で寝込んだ状態は、自由で開放感がある。

どうでしょうか？

正月早々風邪熱で寝込んだと聞かされて、我々読者は思わず「お気の毒に」と思ってしまったことでしょう。そうした読者の心理を巧みに利用して、作者は風邪熱で寝込んだ状態ほど自由で開放感を得られることはないと繰り返すのです。

私たちの脳裏には、疑問府がおそらく数多く浮かんできたのではないでしょうか？

そうやってさんざん私たちの気持ちをもてあそんだ後、最後の最後にこっそりと、「実はこれはレジャーの話なんですよ」と打ち明け話をするのです。そして、出題者はそこを利用して、実にいやらしい設問を設けたのです（これは後のお楽しみです）。

現代のレジャーは規格化され、ノルマノルマで、自由も開放感もない、それならいっそのこと風邪熱で寝込んだほうがずっと自由と開放感を得られるのではないか。

もちろん、作者だって本当は正月早々風邪で寝込みたくはなかったはずです。

でも、今のレジャーよりもずっと自由と開放感が得られると主張します。

これが最初から真正直に、「現代のレジャーでは自由も開放感も得られない」と主張したならどうでしょう。

おそらく私たちは「そんなの当たり前だよ」と思って、この文章を読もうとも思わなかっただろうし、読んだところでさほど印象には残らなかったに違いないでしょう。

これが**レトリックの効用**なのです。

◆レジャーの背後にある現代の危機

現代は生産主義の時代です。

近代以後、ずっとそうでした。私たちはいかに生産力を拡大すべきか、それを進歩と思い込み、効率重視の考え方を強いられてきたのです。

大量生産を可能にするには、大量消費を促さなければなりません。そのために、あらゆる角度から私たちの欲望を刺激し続けたのが、現代という時代だったのです。

幼い頃から欲望を刺激され続け、肥大した欲望を抱えた今の子どもたちには、もはや満たされるということは原理的にあり得ません。なぜなら、「欲望」は手に入れれば入れるほど、さらに欲しくなるといった化け物だからです。

現代のレジャーも、まさに生産主義を忠実に実行していきます。

大量生産するためには、規格化されなければなりません。日本中に同じおもちゃ、同じゲームが溢れかえります。

しかも、大量消費を促すためには、さまざまな場面で子どもたちの欲望を刺激し続けなければなりません。テレビや新聞雑誌のコマーシャル、駅や電車の中にまでポスターや看板が所狭しと自分たちの商品をアピールします。やがて、自分の欲望をコントロールできなくなった子どもたちが、日本中に氾濫し始めます。

レジャーは本来の自由や開放感をもたらすものではなく、義務や強制を私たちに押しつけるものへと変貌したのです。

◆古来、芸術・学問は「遊び」だった

現代のレジャーが規格化されたこと、レジャーまでが規格化されたことに、私は現代の深刻な危機を感じざるを得ません。

レジャーをもっと広い意味、つまり「遊び」と言い換えてみましょう。

「遊び」の対義語は、「仕事」です。

「仕事」はいかに生産できたか、いかに利潤を上げるかが大切で、そのためには効率重視

であり、結果重視です。もちろん、命令に従ったり、指示どおりに行動したり、時には下げたくない頭を下げたりと、自分の意志も自由も抑制されています。

それに対して、「遊び」は自由です。今が楽しいかどうかがすべてであり、生産性も利潤も一切問われることはありません。本来人間は物心がついたときから「遊び」始めるものなのです。

私たちは「仕事」で人間性を阻害し続けられたとしたなら、「遊び」でそれを回復しなければなりません。それは人間が人間であることの行為なのです。


大人になってまで、子どもの遊びなんかやっていられるか、そういった声が聞こえてきそうですね。

遊びといったら、ゲームや漫画、カラオケ、飲みに行くなどを想起しがちですが、これらは現代のレジャー、大量生産・大量消費のシステムの中で規格化されたものに過ぎません。本来の「遊び」は、現在学問とか芸術・文学と呼ばれているものだったのです。

こうした「遊び」が高度に発展したのは西洋ならギリシア時代、日本なら平安時代の後宮ではないでしょうか。

ギリシアの市民は原則として働かなかった。働くのは奴隷の仕事、彼等は一日中遊んでいればよかったのです（政治・戦争などは別として）。

遊ぶといっても、現代のようにテレビもゲームも漫画もカラオケもありません。彼等にとって、学問や哲学、文学が遊びであり、それは楽しくて仕方がないものでした。

もちろん、一生遊ぶにはそれなりに深いところまで追求しなければなりません。それらは遊べば遊ぶほどますます面白くなったのです。

古文で「遊び」＝「音楽」の意味だというのも、同じ事情からでしょう。

◆「受験生よ、頑張るな」

私は予備校の講義で「頑張れ」という言葉は使いません。

なぜなら、勉強は本来「遊び」であるべきだからです。面白くて仕方がないから勉強するのであって、一生遊ぼうと思ったら、若いうちにそれなりに鍛えておかなければなりません。スポーツでも本当の面白さを体験しようと思えば、やはりかなり厳しい練習に耐えなければなりません。

ところが、「頑張れ」といったとき、本来遊びであった勉強が、一転仕事に転じてしまいがちなのです。仕事になれば、面白いかどうかは二の次、効率重視、結果重視の考え方にならざるを得ません。

いかに成績を上げるか、いかに偏差値の高い大学に合格するか、そのためには面白いかどうかなどはいっていられません。ひたすらつらいことを歯を食いしばって我慢する、それを強いる言葉が「頑張れ」なのではないでしょうか。

その結果、受験生は人間性が阻害され、受験地獄にはまっていくのです。

私は講義でこういうことがあります。「受験地獄なんかは大人たちがつくった嘘だ。本来学問は遊びであり、面白いから生涯にわたって勉強するのだ。今は戦争も暗殺もなく、衣食住にも困らず、好きなだけ遊んでいられる。君たちはギリシア人以上の贅沢を提供されている。それは決して地獄なんかではない。むしろ親に感謝しろ」、と。

勉強はつらいもの、我慢するものだと思い込んで努力したなら、たとえ東大に合格しても、その必要がなくなれば勉強をしなくなるでしょう。

それに対して、勉強が面白いものとわかった受験生は、たとえ志望大学に合格しなくても、おそらく生涯にわたって勉強し続けるでしょう。

果たしてどちらがその受験生にとって幸せなのか。

私は勉強の面白さを伝えることこそが、予備校講師の力量だと信じています。だから、講義中冗談をいったりや雑談をすることは一切ありません。なぜなら、勉強そのものが面白いので、それ以外で面白さを提供する必要を感じていないからです。

論理的解法…出題者の意図を見抜け！

問一　文中の空欄(1)、(2)にはいる最も適切な言葉を、次のa～gのうちから選べ。
a　反対に私は　b　要するに私は　c　これに対して私は　d　かえって私は
e　いいたいのである　f　試みたいのである　g　いえるのである

【解説】

最初にやることは、選択肢を整理することです。ここでいきなり解こうとするようでは、まだ論理力が身についたとはいえません。

a～dまでは、文頭に来る言葉。そこで、⑴に入ります。

e～gまでは、文の末尾に来る言葉。そこで、⑵に入ります。

⑴はどの選択肢を見ても、「私は」がついています。

これは何か不思議な気がしませんか？

おそらくこれは罠でしょう。どんな罠かはわからないけれども、とりあえずは罠をはずせばいいだけで、それが逆にヒントになることもあるのです（出題者の意図がわかってしまうので）。

すると、「反対に」「要するに」「これに対して」「かえって」と、単なる接続語の問題になってしまいます。


いい廻しが堅苦しくなったが、［⑴］、かぜの御蔭でかなり熱は高くても生命の危険やさしたる病苦もなく、忘我に近い恍惚境にはいり、世間かまわず大っぴらに昼間っから夢を見ていられるということは、何たる選ばれた者の特権が万人に与えられているのだろうということが［(2)］。

もちろん、(1)の直前に「いい廻しが堅苦しくなったが」とあるので、すでに述べた事柄をもう一度今度はわかりやすく言い直すはず。

そこで、**「イコールの接続語」である「要するに」が入ります。**

このように、文と文、語句との間には論理的関係があり、それを示す記号が接続語や指示語なのです。

(2)は空所にe・f・gをそれぞれ入れてみると、

e「〜ことがいいたいのである。」

g「〜ことがいえるのである。」

となります。さて、どちらが正しいのか？

といっても、当然どちらも正しいのであって、答えを一つに決めることはできません。

では、どうすればいいのか？

もちろんf「試みたいのである」は、論外。

「いいたいのである」「いえるのである」は述語であって、述語を決定するのは主語しかありません。e「いいたいのである」の主語は人間、それに対して、g「いえるのである」の主語は、「〜ことが」。

つまり、この一文の主語は何かという問題だったのです。

だからこそ、主語の「私は」を隠さなければならなかったのです。

「私は〜ことがいいたいのである」が、この一文の要点。

「〜」の部分が長いので、文の構造が見分けにくかっただけです。実は直前の「ことが」は主語ではなく、目的語だったわけですね。

このように、一文の要点は「主語」と「述語」であり、それをおさえることが、一文の構造を論理的に把握するためには必要なことなのです。

【解答】

(1) b　(2) e

問二　傍線A顰《ひそ》みに倣《なら》いは、「昔、中国の越《えつ》の西施《せいし》という美人が病んでまゆをしかめ、美しく見えたのを見て、女たちがみんなまゆをしかめたという故事」から使われるようになった言葉である。傍線Aではどういった意味で使われているか簡潔に記せ。

【解説】
「顰みに倣い」は「真似する」の意味。設問では「傍線部ではどういう意味で使われているか」と聞いているので、「本文での意味」を答えます。

【解答】
阿片がもたらす幻覚に基づいて美しい散文を書いたこと。

問三　筆者は熱の忘我の酔いについて、傍線Bこれほど健康な状態があろうか？　と述べているが、それでは筆者の考える不健康な状態とはどのような状態なのか。そのことを端的に記している箇所を最初の二文字と最後の六文字で示せ。

【解説】

傍線部の「これ」は、風邪熱で寝込んでしまった状態。これは病気の状態なので、当然不健康なはず。それなのに、作者は「これほど健康な状態があろうか？」と述べ、さらには、設問ではわざわざ「筆者が考える不健康な状態」としているのです。

そこで、「論理的読解」で説明した、文章全体の論理構造を思い起こしてみましょう。

作者は風邪熱で寝込んだときの状態を、自由で開放感があると賛美し、それに比べて現代のレジャーがいかに自由や開放感を得ることができないかと、大逆転しました。

ということは、風邪熱で寝込んだ状態は確かに病気だが、レジャーとしては健康な状態だといえるのです。

すると、「筆者の考える不健康な状態」とは、現代のレジャーのことだとわかります。

そこで、現代のレジャーについて書かれている箇所を探し出します。

勤め人がたまの休日を人ごみに揉まれて郊外の遊園地あたりで子供とあわただしい一日を過すみじめさはよく漫画のタネになっているが、一方われわれはお小使いをしわ寄せすれば、昔なら貴族富豪の独専であった汽車旅行やホテル生活を味わうことが出来る。しかしそこには歪められた優越感・虚栄心以外にどんな陶酔があろうか？　そしてまた、今では幽邃《ゆうすい》な古社寺の門前には観光バスが列び、名代の食い物屋が日に数百千の客を賄わねばならないとなれば、味はいやでも規格化せざるを得ない。つまり万人がエリートなのであって、優越感というものが余り快楽の上でものをいわなくなった時代である。あくせくレジャーを求めて、どれだけ心身ののびやかさと解放感が得られるのか？　実は勤労生活をちょうど裏返しにした時間の網の目を、ノルマを遂行するために勤勉に辿っているだけなのである。

この箇所すべてが現代のレジャーがいかに不健康な状態かを述べた箇所です。そこで、出題者は答えを一つに絞り込むために、「条件」をつけるのです。

その「条件」も決して恣意的なものではありません。

複数の該当箇所の場所が離れていれば、たとえば「第三段落までから抜き出せ」など、場所の条件をつけることになります。たとえば、該当箇所が同じ段落にある場合など、「二十字以内で抜き出せ」など、字数条件をつけることになります。

ところが、今回の場合はどれも同じ段落、同じような字数の箇所ばかりです。そこで、出題者は「端的」といった表現の仕方に関する条件をつけざるを得なかったのです。

「端的」とは、ズバリ結論を述べること。

この段落は具体例（A′）から始まっているので、どこで一般化（A）をするかを考えればいいわけです。

すると、「あくせくレジャーを求めて、どれだけ心身ののびやかさと解放感が得られるのか？」から、一般的な表現となるわけですが、これはまだ疑問文なので、「端的」とは言い切れません。

そこで、次の「実は勤労生活をちょうど裏返しにした時間の網の目を、ノルマを遂行するために勤勉に辿っているだけなのである。」が、現代のレジャーが不健康なことを端的に述べた箇所となります。

まだここで安心してはいけません。抜き出し問題の場合は、どこからどこまで抜き出すのか、その範囲を確定しなければなりません。

こういった場合は、**まず終わりの箇所から決めるべき**です。設問は、「どんな状態か」と聞いているので、「〜といった状態」で終わるように抜き出します。

すると、「勤勉に辿っている状態」で終わるべきなので、「最後の六文字」は、「に辿っている」。では、どこから抜き出せばいいのか？

この場合、「実は」からか、「勤労生活」からかを、決定しなければなりません。

「実は〜だけなのである」と、「実は」は、「である」を修飾した言葉です。「である」を答えに含めないのなら、当然「実は」を答えに含めることはできません。

そこで、答えは「勤労生活〜」から抜き出すべきなのです。

【解答】

勤労　に辿っている

問四　傍線C右の状態は、につづく文章として左のなかのいずれが適切か、一つ選べ。

イ　いうなれば究極の快楽の状態というべきものである。

ロ　完全な自由を求めてやまない人間の姿である。
ハ　動物としての人間の自然な状態なのである。
ニ　正しくレジャーというものの理想的な状態なのである。

【解説】

この問題も論理力がないと、太刀打ちできません。

ロ「完全な自由を求めてやまない人間の姿」とありますが、何も自由を求めて風邪を引いたわけではないし、ハ「動物としての人間の自然な状態」は何のことかわかりません。ただ何となく空所に選択肢を入れると、おそらくイ「いうなれば究極の快楽の状態というべきものである。」を答えにしてしまうのではないでしょうか。

「右の状態は」は風邪熱で寝込んだ状態で、空所にはそれをまとめた言葉が入るはずです。風邪熱がいかに自由で開放感に満ちた快楽なのかを繰り返し述べているので、確かにイ「究極の快楽の状態」が当てはまるような気がします。

だが、空所直後は現代のレジャーの状態であり、風邪熱で寝込んだ状態と、現代のレジャーとでは比べようがありません。

ここでもう一度「論理」を思い起こしてほしいのです。

冒頭、作者は具体例（A´）から入りました。**A´から始まった文章は、必ずどこかで一般化（A）します。**ところが、

だから、[c]右の状態は、［　　］。

とあり、その後は、現代のレジャーの話に変わっていきます。

では、どこで一般化するのか？

実は、一般化した箇所を出題者が［　　］にしてしまったとしか考えられません。なぜなら、次の現代のレジャーと**「対立関係」**になっているからです。

現代のレジャーと「対立関係」になるものは、二の「理想のレジャー」しかありえません。

レジャーの理想状態（風邪熱で寝込んだ状態）　自由・開放感
⇔　⇔
現代のレジャー　ノルマノルマで自由も開放感もない

【解答】
二

問五　傍線イ、ロ、ハの読みをひらがなで書け。

【解説】
基本的だが、重要なものばかり。

【解答】
イ　ほうしょう（ほうじゅう）　ロ　しせい　ハ　あがな

問六　この文章の初出は、昭和44年2月2日「朝日新聞」PR版である。風邪熱の生理的感覚にことよせて筆者をここまで執拗《しつよう》に語らせた時代的背景としてどんな推察が可能か、次の中から自分の推察と異るものを選べ。
イ　その頃はまだ肉体は抑圧されず、放蕩《ほうとう》は公認されていて、人間は機械のように働かされるということはなかった。
ロ　二十年前の日本の社会は、労働量とともに周囲への気働きがみんなに要求され、市井人も心理的負担が重かった。
ハ　その頃は、だれもが他人の顔色を伺い行動を気にする結果、働き方もレジャーのとり方も勤勉そのものであった。

【解説】

正月早々風邪で寝込むのは誰だって嫌なものです。でも、作者はこれほど自由で開放感が得られるものはないと賛美します。それらをまとめて、まさに風邪熱で寝込んだ状態こそレジャーの理想状態だと断言するのです。

それほど現代のレジャーが規格化され、自由も開放感もなくなってしまったのですね。そういった時代背景が推察可能なのですが、設問では「自分の推察と異なるものを選べ」となっていることに注意。

イ「肉体は抑圧されず」「機械のように働かされるということはなかった」がまったく逆ですね。


【解答】

イ

第五章

「抽象的概念」がスッキリわかる

【練習問題】「哲学」について考える（「世界と人間」山下勲）

最後に二題、練習問題をやりましょう。一題目はセンター試験の問題で、哲学的な文章を扱います。東京大学の問題文と比べても、決して易しくはありません。

ただすべてが選択肢の問題なので、完全に理解していなくても、とりあえずは選択肢を選んで、そこそこ点数が取れるだけで、センター試験の文章を本当に理解するには、東京大学の問題を完全に理解するのと同じくらいの論理力が要求されるのです。

今回は抽象的概念を理解するのに、最適な問題です。

《問題文》「世界と人間」山下勲　（大学入試センター試験）

次の文章を読んで、後の問い（問1～6）に答えよ。

科学は現在、近代文明社会を根底から支え動かす巨大な力となっている。人間の在り方をも大きく包み込んでいる。我々は気がついた時、既に様々な分野の科学の知の体系ができ上がっていて嫌でもそれらを学ばねばならないようになっている。そのため科学は、越えて行かなければならない山脈のように我々の前に立ちはだかっているので、人間から独立したもののように思われがちである。科学だから(ア)ダイジョウブだとか科学は悪いとか人ごとのようにいわれるのがそれである。しかし本当は、人間を離れて科学があるのではない。科学とは人間の営みであり人間の一つの在り方である。ただし、科学は人間の実存ではない。人間の知性の世界であって存在の世界ではない。人間がものごとを見るある一定の見方を組織したものが科学である。ただ、その見るという客観化の働きの最も徹底したものであるため、科学の知という表現が蛇足になるほど知そのものとほとんど同義語になっている。

実存としての人間から独立し得るほど知としての徹底さを持つ科学といえど、人間の知であるからには人間がものごとを知る意識の働きのなかに基礎を持っている。そこで、意識全体の(イ)カイソウのなかで科学がどのような位置にあるかを確認することが必要であろう。

私（主観）が物（客観）を見るというのは、結果として現れてきた現象である。私という意識は意識されるもの（客観）なしにはありえず、客観も意識するものなしにはない。そこで、人間がものごとを知るという主観と客観の関係の基礎には両者が一体となった状態があり、その原初の世界が分化することによって知るという意識の現象があると見なさなければならない。この意識の根源にある世界は直観の世界であり、古来、主客合一、物我一如といわれてきた。我々が我を忘れてものごとに熱中している時や、美しい風景にうっとり見入っている時のことを考えれば理解しやすい。しかしこの例に限らず、どのような場合にもそのような一体化した状態が意識の根源に存在している。Aそれが分化した時、人間の意識の世界が現れてくる。それは意識するものとされるもの、知るものと知られるものの世界である。これは、主客対立とか主客分裂とかいわれるが、私と私でないものの区別が明瞭《めいりょう》となる世界である。

意識の根源の世界が分化することによって現れる意識の最初の形態が感覚（知覚）である。感覚の特徴は、その働きの次元が現在にのみ限られるという点である。つまり感覚が捉えるものは、「現在のもの・その時のもの」である。眼《め》に映っているものは眼を閉じれば見えなくなるし激痛も過ぎ去ればうそのようである。しかしそれらの感覚経験は我々の心に痕跡を残す。それは記憶ともいえるが、単なる言葉の記憶よりも深い所で直感される印象・心に残された残像であり、心象・イメージと呼ぶことができる。

イメージは固定的なものではなく、普通は時と共に薄れていく。この感覚とイメージの世界に生きる点では人間も動物も同じである。ところが人間はイメージに名前を付けることによってそれを固定して保存する。これが言葉の世界である。イメージはそれぞれ異なっているが、類似したイメージに対してはその類似性に基づいて一つの共通の名前が与えられる。たとえば我々の前に高い山がある。じっと見ていると類似した感覚的イメージの流れがあり、次の日に来て(ウ)ナガめても前日と類似した感覚的イメージが経験される。そこでその山に富士山という名前を付ける。動物と異なる人間の世界は、流動的世界を固定してその世界のものごとに名を与える言語の世界である。確かに動物にも言葉はある。言葉とは、それによって何かを指し示す記号である。しかし動物の場合、類似した感覚的イメージを身振りや鳴き声で固定して表現するその言語（記号）は、必ず現在のものを指し示すことに限られている。たとえば危険を表す鳥の鳴き声は現在そうであることを離れて意味を持たないし、ベルの音が餌《えさ》を指示するという記号の習得をした犬にとってベルの音は今餌が出るぞという意味であり、その音を涎《よだれ》を出すことなしに聞くことはできない。このような犬とベルの音の関係に対応するのが、人間の場合食事という言葉である。これは、犬に対し餌を指示するのにベル以外のものでもよかったのと同様に、別の言葉でもありえたのであるが、いったん食事という言葉に固定されると現実のすべての食事現象を表す記号となる。それは動物におけるような現在の現象だけに限らず、過去のことも未来のことも示す記号として使われる。だから、動物の言葉が現在において一対一の関係で直接ものごとを示す記号であるのに対し、人間の言葉は、あらゆる時の一定の類似した現象すべてを表す一般的記号であるため特に象徴と呼ばれる。B言葉を話す人間は象徴を操る動物である。

ところで、言葉は類似した感覚的イメージの共通な部分を抽出した一般的なものであるのに対し、それが表す現実の個々の現象は微妙に異なっている。しかるに人間の経験はすべて現実の現象に基づくものである。感覚的イメージはすべてそこから与えられる。そしてそのイメージに照らして言葉を使っている。言葉はその人にとって過去のすべての感覚的イメージ経験を集約するものとなっている。だから同じ言葉を使っていても、人によってその言葉に反映しているイメージは異なるので意味のズレがあるはずである。人間は言葉によって表面的なコミュニケーションはできるが、お互いに深く分かり合うには、長くつき合って同じ生活経験を共有することが必要になる。

　言葉には、個々人によって異なった過去の経験に基づく異なったイメージが反映している。Cそのような日常言語は、人によってニュアンスが異なり多義的である。そこでその曖《あい》昧《まい》さを解消するため、意味が明確に定義された言葉が現れてくる。それが概念、専門語であり、学問が成立するのはこのレベルにおいてである。そしてこの言語の客観性をさらに徹底させたものが、数学という自然科学の言語である。これは概念のもつ質的本性も量的単位に還元する最も抽象度の高い記号・数式である。

　数学という言語を用いる科学において、人間の意識の働きは知られるもの（対象）から最も明確に分離した在り方をとっている。そこでは対象とつながる感覚性やイメージ性は完全に排除されている。それはものごとの客観化や対象化が極度におし進められたものである。感覚といえど何らかの対象を知るのであるから対象化の萌芽《ほうが》はあるが、概念においてはじめて、ものごとのつながりを離れた客観化・対象化が完成する。しかしなお質的把握という点で問題を残していて、その対象化をより徹底させたのが近代科学の見方である。これは、物と心の一体的関係から最も遠ざかっている。そのため知のなかの最も確実な知とされているが、同時に、ものごととの生きたつながりを失った抽象的な世界である。そこで働く知性の能力は、ものごとを分析したり一般化したりする思考能力で、悟性とか理性とかいわれている。

　我々が世界とのつながりを持つのは感覚やイメージにおいてである。これらは日常的経験の基礎になっている。感覚の能力は感性であるが、イメージの能力は想像力である。この想像力は、感覚によって与えられたイメージを造り変えたり組み(エ)カえたりして人間の創造活動のゲン(オ)センとなる。精神文化は、精神の深層において体験されたイメージの表白である。芸術は美のイメージ、道徳は善のイメージ、宗教は聖のイメージ、哲学は真のイメージというようにイメージの持つ象徴性が想像力によって様々な形を与えられる。これは感覚的経験と同様、世界とつながった実存の世界である。

これに対し科学は、我々の意識が物との直接的なつながりを完全に断ち切り、D対象化を徹底した知の世界である。だから感覚の主観性やイメージの象徴性は完全に排除されている。

（山下勲『世界と人間』による）

問1　傍線部(ア)〜(オ)の漢字と同じ漢字を含むものを、次の各群の①〜⑤のうちから、それぞれ一つずつ選べ。

(ア)　ダイジョウブ
①胃腸薬をジョウビする
②ガンジョウな家を建てる
③ジョウダンで人を笑わせる
④所有権を他人にジョウトする
⑤厳重にセジョウする

(イ)　カイソウ

①事件にカイニュウする
②疑問がヒョウカイする
③ケイカイなフットワーク
④チョウカイ処分が下る
⑤らせん状のカイダン

(ウ)　ナガめ

①セイチョウな秋の空
②年度予算がボウチョウする
③眼下のチョウボウを楽しむ
④チョウリ場の衛生管理
⑤会場いっぱいのチョウシュウ

(エ)　カえ
①仕事のタイマンをしかられる
②吹雪の中のタイカン訓練
③フタイテンの決意をする
④破損した商品のダイタイ物
⑤梅雨前線がテイタイする

(オ)　ゲンセン
①知識のイズミである書物
②悪事に手をソめる
③アサセで遊ぶ
④海にモグる
⑤候補者としてススめる

(ア)□　(イ)□　(ウ)□　(エ)□　(オ)□

問2　傍線部A「それが分化した」とは、なにがどうなることか。その説明として最も適当なものを、次の①〜⑤のうちから一つ選べ。

① 人間の主観と客観の混合した直観の世界が、再び主観と客観に区別されること。
② 我々が熱中のあまり我を忘れた状態から目覚め、冷静な自分を取り戻すこと。
③ 私の意識が、意識するものと意識されるものに分裂し、知る働きが現れてくること。
④ 人間の意識の根源にある世界が、見る私と見られる対象の世界に分離すること。
⑤ 私と私でないものの世界が、明瞭に分かれて意識の世界に顕在化すること。

□

問3 傍線部B「言葉を話す人間は象徴を操る動物である」とあるが、その説明として最も適当なものを、次の①〜⑤のうちから一つ選べ。

① 人間以外の動物が目の前の現象を身振りや鳴き声で表現する信号しか持たないのに対して、人間は複数の異なるイメージを一つのイメージに集約することで、ものに名前を与えることができる。
② 人間以外の動物が一対一の関係でものごとを指し示すのに対して、人間は複数の感覚的イメージから類似性を抽出することで、各自のイメージ経験の微妙なズレを解消

することができる。

③　人間も人間以外の動物も感覚的イメージを表現できる点は同じだが、人間は類似した現象に名前を与えることで、時間を超えてそれらの現象を同じ言葉で指し示すことができる。

④　人間も人間以外の動物も感覚とイメージの世界を生きる点では同じだが、人間は時とともに変化するイメージに名前をつけて固定することで、一般化された記号を獲得することができる。

⑤　人間は人間以外の動物と異なって、経験によって獲得した曖昧なイメージに名前をつけて抽象的なイメージに統合することで、個人の経験を超えた共通の世界を出現させることができる。

□

問４　傍線部Ｃ「そのような日常言語は、人によってニュアンスが異なり多義的である」とあるが、「そのような日常言語」の具体例として最も適当なものを、次の①～⑤のうちから一つ選べ。

①山に登ると水は貴重だ。ペットボトルの水が半分残っているのを見て、ある人は「まだ半分ある。」と思うし、別のある人は「あと半分しかない。」と思う。水の分量は同じであっても、その受けとめ方は人それぞれだ。

②公園で、子どもが「いっこ、にこ……。」と小石を数えている。そばにいたその子の弟が不思議そうにそれを見ている。数の数え方を知らない弟にとって、兄の言葉はおまじないのようなものにしか聞こえないのだ。

③西洋の名画が特別に公開された。展覧会場をあとにした人たちは口をそろえて「やっぱり傑作だ。」と感激していた。多くの人々に深い感銘を与える美は、時代や文化の違いを超えて普遍的なものなのだ。

④友人とデパートの入り口で待ち合わせた。約束の時間に現れないので携帯電話に連絡すると、別の入り口にいた。「デパートの入り口で……。」という同じ言葉であっても、それぞれが思い浮かべた場所は違っていたのである。

⑤最近、家を新築したおじが、「駅から近いよ、歩いておいで。」といって、手書きの地図をくれた。「近い」というので地図をたよりに歩いたところ、かなり歩かされた。「近い」といっても人によってだいぶ差がある。

問5　傍線部D「対象化を徹底した知の世界」とあるが、その特質を説明したものとして最も適当なものを、次の①〜⑤のうちから一つ選べ。

① 対象化とは、意識するものとされるもの、知るものと知られるものを明確に分離することである。数学という言語は、その分離を理性によってより明確にし、物とのつながりを断ち切り、物から完全に離れることを可能とする。

② 概念は、たとえ明確に定義されていても曖昧な部分を残すが、対象を量に還元する数字や数式は、意識と物とを切り離すことで曖昧さを排除する。数学や数式を用いる科学の世界では、物を最も客観的にとらえることが可能である。

③ 日常言語が曖昧さから逃れられないことに比べ、数学は人間の経験の集積を量的単位に還元することで、その曖昧さを完全に除去している。そのため近代科学に代表されるような、より客観的な物の見方を可能にしている。

④ ものごとを知ること自体がすでに対象化の出発であるが、それを積極的におし進めるためには、感覚やイメージの持つ曖昧さを解消する必要がある。質的把握の面で問

題を残すものの、抽象的な記号はその理想の言語である。

⑤　感覚やイメージの働きは確かに客観性に欠けるところがある。しかし、人間は感覚やイメージをより洗練させ、より高い客観化を可能とする理性や悟性を持ち合わせており、それらは同時に近代科学の世界の基礎ともなっている。

□

問6　本文の内容と合致するものを、次の①～⑥のうちから二つ選べ。ただし、解答の順序は問わない。

①　人間の感覚やイメージは主観性や象徴性を超えるものではないが、我々の日常的経験の基礎をなしているものであり、芸術や道徳、宗教や哲学といった精神文化を生み出す根源的な力ともなるものである。

②　感覚やイメージを排除し、生きた世界とのつながりを断ち切ることで知のなかでも最も確実な知となった科学は、そのぶん抽象化をまぬがれることはできず、人間の営みからは独立したものとなる。

③　科学は人間の営みにほかならないので意識の働きのなかに位置づけられるものでは

あるが、意識と対象のつながりを切断することで個別な感覚やイメージの持つ曖昧さを解消し、徹底的に客観化をおし進める。

④ 日常言語が対象と意識が未分化な主客合一的、あるいは物我一如的な言語であるのに対して、数学を代表とする自然科学の言語は、物と心の一体関係からは最も遠ざかった客観化された言語である。

⑤ 人と人とのコミュニケーションでは、生活に根ざした感覚的イメージが反映されるため、言語のニュアンスに微妙なズレが生じるが、長くつき合い同じ生活経験をすることでその曖昧さを解消することが可能である。

⑥ 意識の根源においては私と私でないものは一体化しているが、科学の知は見るという働きを徹底化させることによってはじめて原初的な世界を分化させ、主と客、私と私でないものを区別して対象化を完成させる。

□□

論理的読解…「主観」と「客観」の違いを知る

◆「問題提示」をおさえよう

「話題」は、科学についてですね。では、文章の要点をつかまえていきましょう。

科学は人間から独立したもののように思われがちであると述べながら、次に一転、「しかし本当は、人間を離れて科学があるのではない。科学とは人間の営みであり人間の一つの在り方である。」としています。

では、その科学を筆者はどのように定義しているのでしょうか？

「人間がものごとを見るある一定の見方を組織したものが科学である」。さらには、「その見るという客観化の働きの最も徹底したもの」とあります。

実存としての人間から独立し得るほど知としての徹底さを持つ科学といえど、人間の知であるからには人間がものごとを知る意識の働きのなかに基礎を持っている。そこで、意識全体の(イ)カイソウのなかで科学がどのような位置にあるかを確認することが必要であろう。

これが「**問題提示**」ですね。以下、このことをめぐって論を展開していくわけです。ということは、「ものごとを知ろうとする意識全体の働きの中で、科学がどこに位置するか」を読み取ったら、この文章を理解したことになるのです。

ものごとを知る前段階は、私と物とが「一体となった状態」であり、それを筆者は「原初の世界」と述べています。

それは直感の世界であり、「古来、主客合一、物我一如といわれてきた」状態です。しかし、この状態では物を客観的に知るということは不可能です。

そこで、私と物、主観と客観とを分離しなければなりません。そのとき、初めて意識の世界が始まるのです。

◆「対象化」から意識は始まる

「主観」と同じような言葉に「主体」、「客観」と同じような言葉に「対象」があります。

「対象」の「象」は、「形」という意味。たとえば「像」は人の形、「現象」は表に形をとって現れるもの。

「対象」は、対面にある形。

あなたは今自分で自分の顔を見ることができるでしょうか？

もちろん、見ることはできませんね。なぜなら、見る自分と見られる自分との間に距離がないからです。では、どうすれば、自分で自分を見ることができるのか？

答えは簡単で、鏡を見ればいいことです。なぜ、鏡を見れば、自分で自分を見ることができたのか？

それは自分と見られる自分、つまり「鏡の中の自分」との間に距離ができたからです。

このように**「距離を置いて観察しようとすることが対象化」、そして、観察しようとする自分を主体「主観」、観察される自分を対象「客観」といいます。**

最初の段階は、主観と客観とが一体となった状態です。それが分化した状態、つまり、物事を対象化した瞬間、物事を観察しようとする意識の世界が始まったのです。

「自然」を例にとりましょう。

もともと日本人は自然と一体化しようとしたのであり、そこから日本のさまざまな文化が生まれました。自然は絶えず変化するので、和歌や俳句では必ずものごとを時間の感覚で捉えようとします。その結果、季語や季題が大切になったのです。

私たちは自然の一瞬の命を捉えようとしました。打ち上げ花火は花が開いた後、さっと散っていくからこそ切ないのであって、それは無常観やもののあはれというように、私たちの意識の深いところでつながっているのです。

「桜は散るからこそ美しけれ」と古人が歌ったその感覚が、今でも私たちの中に残っています。

一方、西洋人たちは自然を対象化しようとしました。その結果、自然を客観的に観察し、その規則性や法則性を発見したのです。

それが自然科学です。

つまり、主観と客観との分化、自然の対象化が、科学の出発点だといえるでしょう。

その一方、自然の対象化には大きな陥穽《かんせい》がありました。つまり、自然を距離をおいて観察するということは、人間が自然の外にいるということに他なりません。

それは人間が神の視点を持つということであって、それが可能だと思い上がったところに、環境問題を初めとして、今のさまざまな問題が生じたのです。

◆人間の言葉、動物の言葉

意識の根源の世界が分化することによって現れる意識の最初の形態が感覚（知覚）である。感覚の特徴は、その働きの次元が現在にのみ限られるという点である。つまり感覚が捉えるものは、「現在のもの・その時のもの」である。眼《め》に映っているものは眼を閉じれば見えなくなるし激痛も過ぎ去ればうそのようである。

私たちはものごとを意識するとき、すでに主観と客観が分化しています。

そして、そのとき最初に現れるのが、感覚なのです。そして、それらの感覚は私たちの心にイメージを残します。

イメージは固定的なものではなく、普通は時と共に薄れていく。この感覚とイメージの世界に生きる点では人間も動物も同じである。ところが人間はイメージに名前を付けることによってそれを固定して保存する。これが言葉の世界である。

物を知るための次の段階が言葉の誕生です。
私たちは類似したイメージに対して、名前を与えます。「山」「川」など、流動した世界を、言葉によって固定化したのです。
そこが動物と決定的に異なるところです。

確かに動物にも言葉はある。言葉とは、それによって何かを指し示す記号である。しかし動物の場合、類似した感覚的イメージを身振りや鳴き声で固定して表現するその言語（記号）は、必ず現在のものを指し示すことに限られている。

確かに動物にも言葉はあります。甘えたり、威嚇《いかく》したり、そんなとき、犬でも猫でも鳴き声を出しますが、その言葉は現在だけに限られたものであり、過去や未来のことを指し示すことはできません。その点で、人間と動物の言葉は異なります。
私たちが「山」というとき、世界中の山々を指し示していますし、過去や未来の山、空想の世界の山をも指すことができるのです。

それは動物におけるような現在の現象だけに限らず、過去のことも未来のことも示す記号として使われる。だから、動物の言葉が現在において一対一の関係で直接ものごとを示す記号であるのに対し、人間の言葉は、あらゆる時の一定の類似した現象すべてを表す一般的記号であるため特に象徴と呼ばれる。B言葉を話す人間は象徴を操る動物である。

「象徴」の「象」は、「形」の意味でした。「徴」は、印のこと。

たとえば、「鳩は平和の象徴」といった使い方をします。このとき、平和といった漠然としたもの全部を、「鳩」という形あるものが印として担っているから、鳩は平和の象徴といえるのです。

そして、人間の言葉は類似したすべてを表しているので、象徴なのです。

この言葉が日常言語ですが、この言葉だけではさまざまな点で不都合が生じます。

◆人工言語はこうして生まれた

言葉はその人にとって過去のすべての感覚的イメージ経験を集約するものとなっている。だから同じ言葉を使っていても、人によってその言葉に反映しているイメージは異なるので意味のズレがあるはずである。

「抽象」とは、共通の性質を取り出したもの。

言葉はその結果得られた概念で、現実の具体的な個物の何物も表すことはできません。

たとえば、「桜」という言葉は何を意味するのでしょうか？

世界中にどれほど多くの種類の桜があるのか、「桜」という言葉はそれの共通するものを漠然と指しているだけです。同じ種類の桜の樹でもおそらく世界中に何千万本もあるかもしれません。目の前の一本の桜の樹でも時々刻々に変化しています。

言葉はそれら現実に存在する何物も表すことはできないのです。ただ桜的なものを漠然と表しているだけです。

それが、言葉が概念だということです。

それゆえ、言葉は曖昧です。人それぞれ、その場その場で同じ言葉でも意味することが微妙に違います。

しかし、それだからこそ、私たちは有限な言葉で、無限にある事象を表現することができるのです。

私たちはそれぞれの経験に基づいて言葉を使います。一人ひとり言葉のイメージが異なるために、日常言語を使う限り、そこには微妙なズレが生じるのです。

言葉には、個々人によって異なった過去の経験に基づく異なったイメージが反映している。Cそのような日常言語は、人によってニュアンスが異なり多義的である。そこでその曖《あい》昧《まい》さを解消するため、意味が明確に定義された言葉が現れてくる。それが概念、専門語であり、学問が成立するのはこのレベルにおいてである。そしてこの言語の客観性をさらに徹底させたものが、数学という自然科学の言語である。これは概念のもつ質的本性も量的単位に還元する最も抽象度の高い記号・数式である。

曖昧な言語では不都合が生じる分野があります。

たとえば、医学や法律の分野などで、同じ言葉でも人によってニュアンスが異なっていたなら、大きな混乱が生じます。ましてやコンピュータなら動かないので、人は人工言語をつくり出したのです。

その人工言語の代表が数学で、数字・記号、コンピュータ言語、専門用語なども人工言語だといえるでしょう。

人工言語は曖昧さを排除した言葉です。たとえば、1＋1＝2の「＋」や「＝」の意味が人によって異なっていたなら、数学など成立しなくなります。


数学という言語を用いる科学において、人間の意識の働きは知られるもの（対象）から最も明確に分離した在り方をとっている。そこでは対象とつながる感覚性やイメージ性は完全に排除されている。それはものごとの客観化や対象化が極度におし進められたものである。

主観と客観が一体化した状態を分化したのが、物を知るということの始まりでした。

まずはものごとを対象化することから、私たちの意識の世界が始まったのです。そして、科学において、その対象化が最も推し進められたのです。

その科学における言語が、数学だったのです。私たちが小学校の頃から、算数・数学を徹底的に学習させられたのは、人工言語を習得するためだったのです。

さて、この文章の目的は私たちの意識全体の中での、科学の位置についてでした。私たちの意識の原初的な世界から最も遠くに位置するのが、科学の世界だったのです。

そして、最後に筆者は科学の世界を感覚やイメージの世界と比べます。

「対立関係」です。

我々が世界とのつながりを持つのは感覚やイメージにおいてである。これらは日常的経験の基礎になっている。感覚の能力は感性であるが、イメージの能力は想像力である。この想像力は、感覚によって与えられたイメージを造り変えたり組み(エ)カえたりして人間の創造活動のゲン(オ)センとなる。精神文化は、精神の深層において体験されたイメージの表白である。芸術は美のイメージ、道徳は善のイメージ、宗教は聖のイメージ、哲学は真のイメージというようにイメージの持つ象徴性が想像力によって様々な形を与えられる。これは感覚的経験と同様、世界とつながった実存の世界である。これに対し科学は、我々の意識が物との直接的なつながりを完全に断ち切り、D対象化を徹底した知の世界である。だから感覚の主観性やイメージの象徴性は完全に排除されている。

感覚やイメージの世界は日常的経験の基礎となっている、世界とつながった実存の世界で、芸術、道徳、宗教、哲学などの精神文化がそれに属します。それに対して、科学は感覚の主観性やイメージの象徴性を排除した、対象化を徹底した知の世界なのです。

論理的解法 …選択問題を甘く見てはいけない

問1　傍線部(ア)〜(オ)の漢字と同じ漢字を含むものを、次の各群の①〜⑤のうちから、それぞれ一つずつ選べ。

【解答】

(ア) ②　(イ) ⑤　(ウ) ③　(エ) ④　(オ) ①

問2　傍線部A「それが分化した」とは、なにがどうなることか。その説明として最も適当なものを、次の①〜⑤のうちから一つ選べ。

① 人間の主観と客観の混合した直観の世界が、再び主観と客観に区別されること。
② 我々が熱中のあまり我を忘れた状態から目覚め、冷静な自分を取り戻すこと。
③ 私の意識が、意識するものと意識されるものに分裂し、知る働きが現れてくること。
④ 人間の意識の根源にある世界が、見る私と見られる対象の世界に分離すること。
⑤ 私と私でないものの世界が、明瞭に分かれて意識の世界に顕在化すること。

【解説】

設問をしっかりと読むと、「なに」が、「どうなる」かと、二つのことを聞いていることがわかります。

「なに」は、傍線部の指示語「それ」の指示内容。そこで、指示内容をおさえると、その前の「一体化した状態が意識の根源に存在している。」

そこから、①「人間の主観と客観の混合した」、⑤「私と私でないものの世界」が、×。

次に、「分化する」とはどうなることかを考えます。これは主観と客観が分離した状態、つまり、物を対象化した状態です。

そこから、②「冷静な自分を取り戻すこと」が、×。
③と④が残ったら、二つを比較して、慎重に検討。
まず「なに」に当たるものとして、③「私の意識」より、④「人間の意識の根源にある世界」のほうが適切。

「どうなる」に当たるものとして、③「知る働きが現れてくる」よりも、④「見る私と見られる対象の世界に分離する」のほうが適切。

このように、現代文の試験では、他の選択肢と比べて、より適切なほうが答え。これを相対的判断といいます。また「対象」といった評論用語を知っていたなら、楽に答えが出たはずです。

【解答】④

問3　傍線部B「言葉を話す人間は象徴を操る動物である」とあるが、その説明として最も適当なものを、次の①〜⑤のうちから一つ選べ。

①　人間以外の動物が目の前の現象を身振りや鳴き声で表現する信号しか持たないのに対して、人間は複数の異なるイメージを一つのイメージに集約することで、ものに名前を与えることができる。

②　人間以外の動物が一対一の関係でものごとを指し示すのに対して、人間は複数の感覚的イメージから類似性を抽出することで、各自のイメージ経験の微妙なズレを解消することができる。

③　人間も人間以外の動物も感覚的イメージを表現できる点は同じだが、人間は類似した現象に名前を与えることで、時間を超えてそれらの現象を同じ言葉で指し示すこと

ができる。

④　人間も人間以外の動物も感覚とイメージの世界を生きる点では同じだが、人間は時とともに変化するイメージに名前をつけて固定することで、一般化された記号を獲得することができる。

⑤　人間は人間以外の動物と異なって、経験によって獲得した曖昧なイメージに名前をつけて抽象的なイメージに統合することで、個人の経験を超えた共通の世界を出現させることができる。

【解説】

傍線部の**説明問題**です。まずは傍線部を吟味。そこで、「象徴」の意味をつかまえればいいとわかります。

「象徴」は、類似したものすべてを表すということ。

そこから、①「複数の異なるイメージ」、②「複数の感覚的イメージ」、④「時とともに変化するイメージ」、⑤「曖昧なイメージ」が、すべて×。

抽象とは、類似するすべてを表すわけで、それを説明しているのは③「類似した現象に名前を与える」だけ。決して「複数」「時とともに変化」「曖昧」なイメージに言葉を与えたわけではありません。

さらに各選択肢とも、人間と動物とを比較しています。

傍線直前を検討すると、動物の言葉は一対一の関係で、現在しか表さないのに対して、人間の言葉は過去も未来も表すので、③「時間を超えてそれらの現象を同じ言葉で指し示すことができる。」が適切。

【解答】

③

問４　傍線部Ｃ「そのような日常言語は、人によってニュアンスが異なり多義的である」とあるが、「そのような日常言語」の具体例として最も適当なものを、次の①～⑤のうちから一つ選べ。

①　山に登ると水は貴重だ。ペットボトルの水が半分残っているのを見て、ある人は「ま

だ半分ある。」と思うし、別のある人は「あと半分しかない。」と思う。水の分量は同じであっても、その受けとめ方は人それぞれだ。

② 公園で、子どもが「いっこ、にこ……。」と小石を数えている。そばにいたその子の弟が不思議そうにそれを見ている。数の数え方を知らない弟にとって、兄の言葉はおまじないのようなものにしか聞こえないのだ。

③ 西洋の名画が特別に公開された。展覧会場をあとにした人たちは口をそろえて「やっぱり傑作だ。」と感激していた。多くの人々に深い感銘を与える美は、時代や文化の違いを超えて普遍的なものなのだ。

④ 友人とデパートの入り口で待ち合わせた。約束の時間に現れないので携帯電話に連絡すると、別の入り口にいた。「デパートの入り口で……。」という同じ言葉であっても、それぞれが思い浮かべた場所は違っていたのである。

⑤ 最近、家を新築したおじが、「駅から近いよ、歩いておいで。」といって、手書きの地図をくれた。「近い」というので地図をたよりに歩いたところ、かなり歩かされた。「近い」といっても人によってだいぶ差がある。

【解説】

「桜」といっても、一人ひとりの頭の中に「桜」的なものがあるわけです。それは一人ひとり違っているし、状況によって異なってきます。

たとえば、あなたが道ばたで近所のおばさんと「桜が満開ですね」「そうよね」といった会話をしたとしましょう。あなたは自分の家の庭に咲いた桜を思い浮かべて話したのだし、おばさんは公園の桜を思い浮かべて相づちを打ったのかもしれない。そこでは会話が成立しているようで、実は真に成立しているとはいえないのです。

ましてや相手がアメリカ人ならなおさらです。アメリカ人が「桜」というときは、アメリカンチェリーを脳裏に置いているのかもしれません。

そのような日常言語の例としてふさわしいものを選べばいいのです。

さらに傍線部の指示語をチェック。「個々人によって異なった過去の経験に基づく異なったイメージ」が反映している言語なので、「過去の経験が異なる」具体例が答えです。

①　ペットボトルの水を見て、「まだ半分ある」と思ったり、「あと半分しかない」と思うのは、過去の経験というよりは、性格、あるいはその人の価値観によるものです。

②は、単に数え方を知っているかどうかの問題。

③　過去の体験によってイメージが異なる例を選ぶのに、「時代や文化の違いを超えて普遍的」は、逆。

④　「デパートの入り口」という言葉でそれぞれ思い浮かべて場所が異なっていたのは、何も過去の経験とは関係ありません。

⑤　同じ「近い」という言葉でも、過去の歩いた経験によってイメージが異なっている例なので、これが答え。

【解答】

⑤

問5　傍線部D「対象化を徹底した知の世界」とあるが、その特質を説明したものとして最も適当なものを、次の①〜⑤のうちから一つ選べ。

①　対象化とは、意識するものとされるもの、知るものと知られるものを明確に分離することである。数学という言語は、その分離を理性によってより明確にし、物とのつ

ながりを断ち切り、物から完全に離れることを可能とする。

②概念は、たとえ明確に定義されていても曖昧な部分を残すが、対象を量に還元する数字や数式は、意識と物とを切り離すことで曖昧さを排除する。数学や数式を用いる科学の世界では、物を最も客観的にとらえることが可能である。

③日常言語が曖昧さから逃れられないことに比べ、数学は人間の経験の集積を量的単位に還元することで、その曖昧さを完全に除去している。そのため近代科学に代表されるような、より客観的な物の見方を可能にしている。

④ものごとを知ること自体がすでに対象化の出発であるが、それを積極的におし進めるためには、感覚やイメージの持つ曖昧さを解消する必要がある。質的把握の面で問題を残すものの、抽象的な記号はその理想の言語である。

⑤感覚やイメージの働きは確かに客観性に欠けるところがある。しかし、人間は感覚やイメージをより洗練させ、より高い客観化を可能とする理性や悟性を持ち合わせており、それらは同時に近代科学の世界の基礎ともなっている。

【解説】

これが一番難問かもしれません。どの選択肢も正しいような気がしたのではないでしょうか？

実は、この問題には引っかけがあるのです。設問は傍線部を説明せよ、ということなので、まずは傍線部を含む一文を吟味、が鉄則。

すると、この一文の主語は「科学は」で、「科学は～知の世界」といった文だとわかります。そこで、科学の特質を説明したものを選ぶことにしましょう。

①は「数学という言語は～」、③「数学は～」とあるから、×。科学の特質を答えるのに、数学の特質を説明しているからです。

④　これも科学の説明にはなっていません。しかも、「抽象的な記号はその理想の言語」とは本文に書いていないから、×。

⑤　感覚やイメージを洗練させても、客観化するわけではありません。あくまで客観化は、ものごとを対象化することで得られるものです。しかも、それらが「近代科学の世界の基礎」となっているなんてどこにも書いてないから、×。

②のみが、「科学の世界」の話であり、しかも「数字や数式を用いる科学の世界」と、

数学と科学との関係を正しく説明しているので、〇。

【解答】②

問6　本文の内容と合致するものを、次の①〜⑥のうちから二つ選べ。ただし、解答の順序は問わない。

①　人間の感覚やイメージは主観性や象徴性を超えるものではないが、我々の日常的経験の基礎をなしているものであり、芸術や道徳、宗教や哲学といった精神文化を生み出す根源的な力ともなるものである。

②　感覚やイメージを排除し、生きた世界とのつながりを断ち切ることで知のなかでも最も確実な知となった科学は、そのぶん抽象化をまぬがれることはできず、人間の営みからは独立したものとなる。

③　科学は人間の営みにほかならないので意識の働きのなかに位置づけられるものでは

あるが、意識と対象のつながりを切断することで個別な感覚やイメージの持つ曖昧さを解消し、徹底的に客観化をおし進める。

④ 日常言語が対象と意識が未分化な主客合一的、あるいは物我一如的な言語であるのに対して、数学を代表とする自然科学の言語は、物と心の一体関係からは最も遠ざかった客観化された言語である。

⑤ 人と人とのコミュニケーションでは、生活に根ざした感覚的イメージが反映されるため、言語のニュアンスに微妙なズレが生じるが、長くつき合い同じ生活経験をすることでその曖昧さを解消することが可能である。

⑥ 意識の根源においては私と私でないものは一体化しているが、科学の知は見るという働きを徹底化させることによってはじめて原初的な世界を分化させ、主と客、私と私でないものを区別して対象化を完成させる。

【解説】

内容一致問題は、消去法が鉄則。

① 人間の感覚やイメージは日常経験の基礎であり、精神文化を生み出す根源的な力と

もなるから、〇。
②　最初の段落で、「人間を離れて科学があるのではない」とあるので、「人間の営みから は独立した」が、×。
③　「科学は人間の営み」、「曖昧さを解消し、徹底的に客観化をおし進める」は、〇。
④　「対象と意識が未分化な主客合一的」は、「日常言語」ではなく、原初的な状態のこと。
⑤　言語のニュアンスが微妙にズレるのは、「生活に根ざした感覚的イメージが反映される」ためではなく、言語に象徴性があるから。
⑥　「はじめて原初的な世界を分化」するのは、私たちが物を見るときであって、科学ではないので、×。

【解答】

①　③

第六章

「随筆」の読み方にはコツがある

【練習問題】「戦争と人間」について考える（「五十歩の距離」野坂昭如）

練習問題第二問は、作家野坂昭如氏の随筆（エッセイ）です。

随筆は作者の心情を読み取ります。ただし、読み手は不特定多数の読者である限り、作者は自分の心情を、筋道を立てて説明しなければなりません。

だから、作者の立てた筋道を理解するという論理的読解力が要求されるのです。

《問題文》「五十歩の距離」野坂昭如

（神戸大学）

次の文章は、野坂昭如「五十歩の距離」の全文である。これを読んで、後の問に答えよ。

のっぴきならない危難から逃げるということは、人間として当然だろうし、臆病《おくびょう》であってもさしつかえないと思う。

しかし、[a]五十歩逃げればいいところを、百歩逃げた者は、やはりその逃げすぎた[b]五十歩の距離を身にしみて感じるもので、[c]五十歩と百歩は決して同じではない。

ぼくはかえりみて、三度、逃げすぎている。逃げすぎたことのやましさが、胸の底に澱《おり》のごとくよどみ、おりにふれて湧《わ》き上がるというか、常日ごろ、面そむけていようとも、時に後ろ髪ひっつかまれ、ぐいとその前にひきすえられるといえばいいか、とにかく逃げすぎたことのうしろめたさが、骨にからんでいる。

やましさ、うしろめたさの一つは、空襲の際、家族をみすてたことである。すべて焼きつくされた後、玄関のあったところに、径五十糎《センチ》くらいの円筒形の殻が残っていたから、多分それが我が家を直撃したのだろうけれど、とにかくその落下した時、ぼくは二十米《メートル》ばかりはなれたよその家で、最初に落ちた焼夷弾《しょういだん》の火を消そうとしていた。ふたたびすさまじい落下音が轟《とどろ》き、仰天してひっかえしたら、家の半ばがくずれ、残った部分から、これはまた朝もやの流れるように、のんびりと煙がただよい流れていて、他のすべて鮮明に覚えているのに、家のくずれたあたり、そこは玄関で、たしかに父親がさっきまで仁王立ちになっていたところだし、その奥の床下の壕《ごう》には母が身をひそめているはず、いちばん気にかかる、注意してしかるべきなのに、ぼくにはまるで記憶がない。庭の立木がぱちぱちとはぜ、まつろう黒煙は、やがて道幅いっぱいにひろがって、高曇りの朝を黄昏《たそがれ》とかえ、軒端に舌を出す焔《ほのお》まで、しっかと見とどけながら、くずれた玄関の記憶がない。もっと幼いのなら、あるいは強烈なショック、焼夷爆弾の直撃をうけて倒れた父の姿をみて、一種の記憶①ソウシツになったとも考えられるけれど、ぼくは十四歳で、気もたしかだったと思う。やがていっせいに家の中が燃え出し、顔がカァッと熱くなり、ようやくわれにかえって、父母を三度呼び、返事のないまま逃げ出した。

それはもう一目散に、命惜しさだけで、後も見ず山のふもとまで走りつづけた。めらめらと燃え上がるまでの、わずかな時間に、機敏に行動していれば、あるいは救《たす》けることができたのではないかとは、考えない。くずれた家屋の下敷きになって両親は生きながら、焔にあぶられたのではないか、とまでは自分をさいなまぬ。しかし、一度も後をふりかえらず、山の横穴式防空壕へ入っても、ただ自分の身の安全をばかり考え、両親の②アンピにいささかも思いはせなかったことを思うと、ぼくはうしろめたい気がする。逃げすぎたような気がする。それは真上から幾千となく爆弾が降りそそぐのだから、逃げるのは当たり前だけれど、ぼくは必要以上に逃げたのではないか。

二つめのうしろめたさは、一歳六カ月の妹を餓死させたことである。焼跡とそれにつづく混乱の中で、十四歳のぼくが疎開していてたすかった妹を、空襲に追われる明け暮れ、育て得なかったとしても、それほど責められることではないと思う。にしても、骨と皮になり、成長過程を逆にしたように、最後は首もすわらず、泣声すら出なくなって、ぼくの留守にたった一人で死に、その骨を拾うにも焼けば粉しか残らなかった妹を考えると、自分ばかりを、かばい過ぎていたように思う。飢餓地獄にあったぼくは、妹の食い扶持《ぶち》まで胃におさめたし、こっちは半ば大人だから、盗み働いてでも、自分の体力を③イジすることができた。妹は、泣けばぼくになぐられ、おしめすらろくにかえてもらえないで、あのみじかい一生はなんだったのだろうか、ぼくに責任はないと、自分でいくらいいきかせても、ぼくは年長であったのだから、その点で妹の死の重みは、すべてぼくにかかってくる。今ごろになって、感傷的に空襲のころのあれこれ思いかえし、いわばいい気な良心の押し売りとられてもしかたがないのだが、とにかく妹のことを考えると、なにもかも色あせた感じになる。d五十歩の距離が身にしみる。

三番目は、少年院からの、脱出である。死んだ両親は、実は養父母であって、浮浪児生活の末、収容された少年院、同じような年ごろの少年が栄養失調でころころ死んでいき、遠からずぼくも同じ運命かと、もちろん恐怖感はあったが、そこから逃げ出すすべないままに、ぼんやりしていた時、不意に実の父親がすくいの手をさしのべてくれて、ぼくは一夜にして、空襲以後つづいた孤児生活から、またふつうの家庭に復帰した。自分の力でも努力でもない、まるで宝くじに当たったような幸運によって、それまで同じ④キョウグウの仲間から、ア一人だけ、いわば雲上にのぼったのである。身寄りのないまま残った少年の何人が、生き長らえただろうか、後にアウシュビッツ収容所の写真を見た時、思わず少年院の少年の姿とまちがえたほど、両者はそっくりであった。自分一人、単なる偶然で⑤ダンイ飽食の生活にもどり、これも当然とはいえるだろうが、かつての仲間になに一つしていない、浮浪児を、ぼくは裏切っている。

うしろめたさなどというのはおこがましいのかもしれぬ。これだけ自分なりにわかったつもりでいれば、それはもはや形骸《けいがい》だけのことで、ひとりよがりな感傷癖なのかもしれない。にしても、ぼくがなぜ書くかといわれれば、このうしろめたさあればこそと思う。ぼくは、直木賞受賞式の際、死にぞこないの、不浄の文字書きつづけるといったけれども、つまりはとうてい、それ以外の文字などのぞむべくもなく、心中のかたわれ、卑怯《ひきょう》未練な、イわが志のべるしかないのである。別に、無惨な死にざま果たした、養家の両親や、焼跡の少年たちのウ鎮魂歌《ちんこんか》を書くつもりはなく、書けもしないが、その死にかかずらって、ただ逃げてばかりいた、今、生き長らえる自分の、うしろめたい気持ちに、責めたてられ、あざ笑われ、ののしられつつ、ぼくはぼく自身のちいさい文字を書く。このことだけはたしかである。

e五十歩百歩の、その逃げすぎたf五十歩の距離、g五十歩のうしろめたさが、ぼくを焼跡闇《やみ》市《いち》に、しばりつけている。


（野坂昭如「五十歩の距離」による）

問一　傍線部①～⑤を漢字に改めよ。はっきりと、くずさないで書くこと。

問二　筆者の「うしろめたさ」は、三番目の出来事では傍線部ア「一人だけ、いわば雲上にのぼったのである。」という表現で示されている。一つめ二つめの出来事で、これと同様の気持ちが示されている表現を本文中から抜き出して記せ。

問三　題名「五十歩の距離」の「五十歩」とおなじ意味の「五十歩」を傍線部a～gの中からすべて選び、記号で答えよ。

問四　筆者は、傍線部イ「わが志のべる」とウ「鎮魂歌を書く」とを対比して述べている。両者を使いわけた筆者の意図がわかるように、その相違を説明せよ。

問五　A　この文章の形式的な面でのきわだった特徴を二つあげよ。

B　それらの特徴は、どのような印象を与える効果があるか。簡潔に述べよ。

論理的読解…エッセイにも論理力が必要

◆心情を語るか、体験を語るか

冒頭、作者の心情（A）が来るのか、具体例・体験（A'）が来るのか、論理的にはそのどちらかしかありません。

この文章は、冒頭いきなり作者の心情が提示されています。

> のっぴきならない危難から逃げるということは、人間として当然だろうし、臆病《おくびょう》であってもさしつかえないと思う。
> しかし、[a]五十歩逃げればいいところを、百歩逃げた者は、やはりその逃げすぎた[b]五十歩の距離を身にしみて感じるもので、[c]五十歩と百歩は決して同じではない。
> ぼくはかえりみて、三度、逃げすぎている。逃げすぎたことのやましさが、胸の底に澱《おり》のごとくよどみ、おりにふれて湧《わ》き上がるというか、常日ごろ、面そむけていようとも、

時に後ろ髪ひっつかまれ、ぐいとその前にひきすえられるといえばいいか、とにかく逃げすぎたことのうしろめたさが、骨にからんでいる。

作者の心情は、五十歩逃げたらいいところを百歩逃げた、その逃げすぎた五十歩の後ろめたさなのです。

それにしても、「骨にからんでいる」といった表現は尋常ではありません。

肉体なら死んで焼かれれば消え去るものですが、骨にからんでいればそうはいかないですから。

ぼくはかえりみて、三度、逃げすぎている。

ここにすでに次の論理の展開が約束されています。作者といえども、自分が設定したこの論理からは自由になれません。

以下、作者は自分の体験を三つ提示しなければなりません。

A「作者の心情」↓Á「三つの体験話」といった論理展開になるのです。

そこで、私たちは三つの作者の体験を、どこまでが誰もが逃げる五十歩で、どこから先が逃げすぎた五十歩なのかを読み取っていきます。

◆三つの「逃げすぎた五十歩」

やましさの一つめは、空襲の際、家族を見捨てて、自分一人逃げ出したことです。そのとき、作者はまだ十四歳、命惜しさに燃え上がる家から逃げ出したところで、誰も責めることはできません。それが誰もが逃げる五十歩です。

それはもう一目散に、命惜しさだけで、後も見ず山のふもとまで走りつづけた。めらめらと燃え上がるまでの、わずかな時間に、機敏に行動していれば、あるいは救《たす》けることができたのではないかとは、考えない。くずれた家屋の下敷きになって両親は生きながら、焔にあぶられたのではないか、とまでは自分をさいなまぬ。

ここまでが誰もが逃げる五十歩。

しかし、一度も後をふりかえらず、山の横穴式防空壕へ入っても、ただ自分の身の安全をばかり考え、両親の②アンピにいささかも思いはせなかったことを思うと、ぼくはうしろめたい気がする。逃げすぎたような気がする。それは真上から幾千となく爆弾が降りそそぐのだから、逃げるのは当たり前だけれど、ぼくは必要以上に逃げたのではないか。

ここまでが、逃げすぎた五十歩です。

次は二つ目の体験。それは「一歳六カ月の妹を餓死させたこと」です。

二つめのうしろめたさは、一歳六カ月の妹を餓死させたことである。焼跡とそれにつづく混乱の中で、十四歳のぼくが疎開していてたすかった妹を、空襲に追われる明け暮れ、育て得なかったとしても、それほど責められることではないと思う。

ここまでが誰もが逃げる五十歩。

にしても、骨と皮になり、成長過程を逆にしたように、最後は首もすわらず、泣声すら出なくなって、ぼくの留守にたった一人で死に、その骨を拾うにも焼けば粉しか残らなかった妹を考えると、自分ばかりを、かばい過ぎていたように思う。

が、逃げすぎた五十歩。

十四歳の少年が空襲で家も両親もなくした後、一歳六カ月の妹を餓死させたことはどうしようもなかったことかもしれません。

たとえ結果は同じであっても、今となっては自分ばかりかばいすぎたのではと、後ろめたさが骨にからむのです。

三番目は、少年院からの脱出です。

その後少年院に収容されたのですが、たまたま運良く実の父親に救い出されます。そこまでが誰もが逃げる五十歩。

ところが、「自分一人、単なる偶然でダンイ飽食の生活にもどり、これも当然とはいえるだろうが、かつての仲間になに一つしていない」とあり、これが逃げすぎた五十歩で、作者は後ろめたくて仕方がないと訴えます。

◆「因果関係」を示すA→Bの論理パターン

さて、ここまでがA→A´の論理展開。

その次は再び結論であるAを繰り返すのか、A→B「因果関係」かのどちらかです。そこで次の展開を読み取っていくと、作者の小説を書くときの動機が告白されていることがわかります。

　ぼくがなぜ書くかといわれれば、このうしろめたさあればこそと思う。ぼくは、直木賞受賞式の際、死にぞこないの、不浄の文字書きつづけるといったけれども、つまりはとうてい、それ以外の文字などのぞむべくもなく、心中のかたわれ、卑怯《ひきょう》未練な、イわが志のべるしかないのである。別に、無惨な死にざま果たした、養家の両親や、焼跡の少年たちのウ鎮魂歌《ちんこんか》を書くつもりはなく、書けもしないが、その死にかかずらって、ただ逃げてばかりいた、今、生き長らえる自分の、うしろめたい気持ちに、責めたてられ、あざ笑われ、ののしられつつ、ぼくはぼく自身のちいさい文字を書く。このことだけはたしかである。

[e]五十歩百歩の、その逃げすぎた[f]五十歩の距離、[g]五十歩のうしろめたさが、ぼくを焼跡闇《やみ》市《いち》に、しばりつけている。

結局、この文章は**A→Bといった論理展開**だったのです。

論理的解法…作者の心情をつかまえる

問一　傍線部①〜⑤を漢字に改めよ。はっきりと、くずさないで書くこと。

【解答】
①喪失　②安否　③維持　④境遇　⑤暖衣

問二　筆者の「うしろめたさ」は、三番目の出来事では傍線部ア「一人だけ、いわば雲上にのぼったのである。」という表現で示されている。一つめ二つめの出来事で、これと同様の気持ちが示されている表現を本文中から抜き出して記せ。

【解説】

三つの体験は、それぞれどこまでが「誰もが逃げる五十歩」で、どこからが「逃げすぎた五十歩」かを読み取らなければならなかったですね。

ア「一人だけ、いわば雲上にのぼったのである。」は、「逃げすぎた五十歩」の後ろめたさを表現したもの。

そこで、残り二つの体験における「逃げすぎた五十歩」の後ろめたさを表現した箇所を抜き出します。

【解答】

ただ自分の身の安全をばかり考え、両親のアンピにいささかも思いはせなかった自分ばかりを、かばい過ぎていたように思う。

問三　題名「五十歩の距離」の「五十歩」とおなじ意味の「五十歩」を傍線部a～gの中からすべて選び、記号で答えよ。

【解説】

「誰もが逃げる五十歩」と、「逃げすぎた五十歩」を区別します。

b・d・f・gが、作者が後ろめたさを感じていることから、「逃げすぎた五十歩」。

【解答】

b・d・f・g

問四　筆者は、傍線部イ「わが志のべる」とウ「鎮魂歌を書く」とを対比して述べている。両者を使いわけた筆者の意図がわかるように、その相違を説明せよ。

【解説】

「対比して」「両者を使い分けた筆者の意図がわかるように」とあることに注意。どことどことが異なるのかを明確にする**「対立関係」**の問題。

イ「わが志」とは、逃げすぎた五十歩の後ろめたさを告白すること。それが作者の小説を書く動機となっているので、「志」といった言葉を使っています。

ウの「鎮魂歌」はレクエイムといって、死者を慰める歌のこと。ここで死者とは、戦争で無残な死に方をした養家の両親や焼跡の少年たちのこと。

【解答】

イが逃げすぎた五十歩の後ろめたさを告白するのに対して、ウは養家の両親を初め、戦争で無残に死んでいった人たちの魂を慰めるために書くこと。

> 問五　A　この文章の形式的な面でのきわだった特徴を二つあげよ。
> 　　　B　それらの特徴は、どのような印象を与える効果があるか。簡潔に述べよ。

【解説】

Ａ「形式面でのきわだった特徴」だから、誰が見ても明らかな点を指摘します。

Ｂ「どのような印象を与える効果」があるかは、各自それぞれ思いつくことが異なるはずですね。

ところが、入試問題であるということは、そこには**何らかの客観的な根拠をもって解答しなければならない**ということです。

そこで、**随筆は作者の心情をつかまえる**という鉄則を思い起こしましょう。

今、筆者は自分の心の底に封じ込めた後ろめたさを告白したのです。そうならば、それにふさわしい文体をとったはずです。

（本来、今回の問題文の文章は野坂昭如氏独特の文体であって、氏の個性といえるでしょう。ただし、入試問題の場合は、あくまで問題文がすべてなので、その中で根拠を見つけて答えるしかありません）

【解答】

A　一文が長いこと。
本来句点（。）を打つべきところを、読点（、）にしていること。

B　いかに告白しがたいことを告白しているかという印象を、読者に与える効果。

本書は２０１１年『出口の出なおし現代文』として小社より
四六判で刊行されたものに加筆・修正を加えたものです。

青春新書 INTELLIGENCE

こころ涌き立つ「知」の冒険

いまを生きる

"青春新書"は昭和三一年に——若い日に常にあなたの心の友として、その糧となり実になる多様な知恵が、生きる指標として勇気と力になり、すぐに役立つ——をモットーに創刊された。

そして昭和三八年、新しい時代の気運の中で、新書"プレイブックス"にその役目のバトンを渡した。「人生を自由自在に活動《プレイ》する」のキャッチコピーのもと——すべてのうっ積を吹きとばし、自由闊達な活動力を培養し、勇気と自信を生み出す最も楽しいシリーズ——となった。

いまや、私たちはバブル経済崩壊後の混沌とした価値観のただ中にいる。その価値観は常に未曾有の変貌を見せ、社会は少子高齢化し、地球規模の環境問題等は解決の兆しを見せない。私たちはあらゆる不安と懐疑に対峙している。

本シリーズ"青春新書インテリジェンス"はまさに、この時代の欲求によってプレイブックスから分化・刊行された。それは即ち、「心の中に自らの青春の輝きを失わない旺盛な知力、活力への欲求」に他ならない。応えるべきキャッチコピーは「こころ涌き立つ"知"の冒険」である。

予測のつかない時代にあって、一人ひとりの足元を照らし出すシリーズでありたいと願う。青春出版社は本年創業五〇周年を迎えた。これはひとえに長年に亘る多くの読者の熱いご支持の賜物である。社員一同深く感謝し、より一層世の中に希望と勇気の明るい光を放つ書籍を出版すべく、鋭意志すものである。

平成一七年

刊行者　小澤源太郎

著者紹介
出口汪〈でぐち ひろし〉
1955年東京都生まれ。デジタル予備校S.P.S主宰、東進衛星予備校講師、出版社・水王舎を経営。関西学院大学文学部博士課程修了後、代々木ゼミナールを経て、東進ハイスクールの講師として活躍。「受験現代文のカリスマ」の異名をとる。また、論理力を養成する画期的な言語プログラム「論理エンジン」を開発し、現在、私立を中心に全国250校以上の小中高で導入されている。著書に『出口汪の新日本語トレーニング』(小学館)、『現代文レベル別問題集』(東進ブックス)、『出口のシステム現代文』シリーズ、『出口汪の「最強!」の書く技術』(水王舎)など多数があり、その累計部数は現時点で800万部を超える。

頭《あたま》のいい人《ひと》の考《かんが》え方《かた》

青春新書
INTELLIGENCE

2016年1月15日　第1刷

著　者　出《で》　口《ぐち》　汪《ひろし》

発行者　小澤源太郎

責任編集　株式会社プライム涌光
電話　編集部　03(3203)2850

発行所　東京都新宿区若松町12番1号 〒162-0056　株式会社青春出版社
電話　営業部　03(3207)1916　振替番号　00190-7-98602

印刷・中央精版印刷　製本・ナショナル製本

ISBN978-4-413-04475-2